社労士で稼ぎたいなら「顧客のこころ」をつかみなさい

社会保険労務士
長沢有紀

同文舘出版

はじめに

私が23歳で社労士の資格を取得し、その2年後に独立・開業をして、すでに16年目となります。社労士として、また一事業主として、多くの経営者、そして多くの同業者との出会いがありました。その中には成功している人も、そうではない人もいましたが、私は、成功している社労士には「共通点」があるということに気がつきました。それは、社労士に限らず、税理士や行政書士、弁護士……どんな士業であっても基本的には同じことが言えます。

その共通点とは、法律的知識に長けているとか、マーケティングが得意とか、話が上手とか、そういうことではありません。「士業の成功の法則」とは、「顧客のこころをしっかりつかむ」ことなのです。

士業で成功している人は例外なく、自分の仕事に対して揺るぎない信念を持っています。そして、話を聞いているだけで引き込まれ、信頼してしまうような「人間的な魅力」があります。「この先生にお世話になっている会社は幸せだな」と同業の私でさえ感じるほどです。

人間的な魅力とは、決して口が上手な人や外見がいい人というわけではありません。それは「内面から出てくるもの」なのです。

私は、開業間もない方のためのセミナーで、次のようなことを強い口調でお話しします。

「最近、新しく士業で開業する人の中には、まずマーケティングの勉強に走る人がいます。たしかにマーケティングも大切ですが、『基本』ができてこそ、そうしたプラスアルファの部分が活かされてくるはずです。

基本とは、お客様や士業仲間、先輩と生身のつきあいをして、自分の手と足を使い、たくさんの知恵を絞って、コツコツ小さな積み重ねをしていくことです。士業の成功にラクな近道なんて絶対にないのですから」

私より、はるかに稼いでいる士業の方も山のようにいます。私より、職員をたくさん抱えている事務所はいくらでもあります。しかし、士業の成功は、年収や事務所の規模で測ることはできません。大切なのは、「いかに長期的に安定した事務所を作るか」ということではないでしょうか？

私は、お客様のことを大切に思う信念さえあれば、ごく普通の地味な人でも着実に成功へ近づくことができると断言します。その「士業としての基本であり、一番大切なこと」を忘れてしまっては、短期間に稼ぐことはできても、成功が長く続くことはありません。

現在、士業を取り巻く環境、そして士業に対してお客様が求めるものは、どんどん厳しくなっています。今後景気がよくなったとしても、しばらくその傾向は変わらないでしょう。私たち士業は、今、決してブレることのない信念を基本とした、「顧客のこころをつかむ」営業やマーケティングに取り組むことが必要とされています。これまで以上に「顧客目線」に立たなければ、この士業サバイバルの時代に生き残ることはできないのです。

本書では、私の「士業の成功の法則」を軸とした士業のための営業のやり方・考え方をお伝えしています。この本を読み終わったとき、「私にもできそう」「自分を待っていてくれるお客様はきっといる」――と熱い気持ちになって、迷うことなく、士業としての成功の道を歩み始められますよう願っています。

長沢有紀

社労士で稼ぎたいなら「顧客のこころ」をつかみなさい●目次

2章 顧客のこころをギュッとつかむ！ 会話術

3章 顧客に選ばれる社労士になる！　気遣い術

4章 10年後にも生き残る社労士になる！ 集客術

5章 「自分らしさ」を活かす！ 営業術

6章 人として成長し続ければ、必ず成功できる

装丁・本文DTP／山本加奈（ジャパンスタイルデザイン）

1章

儲けることだけが目的なら、社労士なんてやめなさい

資格ブームの裏で士業受難の時代が始まった

士業を取り巻く環境は激変した

現在、社労士に限らず、どの士業も飽和状態であることは間違いありません。難関である弁護士でも程度の差はあれ同様で、士業の**「難しい資格＝高収入」という構図は、今や崩れつつあります**。

近年では資格ブームということもあり、ますますそのような傾向が加速してきました。資格取得後、士業の事務所で勤務という形で資格を活かそうとしても、士業の事務所の求人、特に正社員となると非常に少なく、高倍率を勝ち抜かなくてはなりません。

社労士は、平成21年度の受験申込者数が過去最高の6万7000人を超え、資格取得者はもちろんのこと、開業に踏み切る人も急激に増えています。

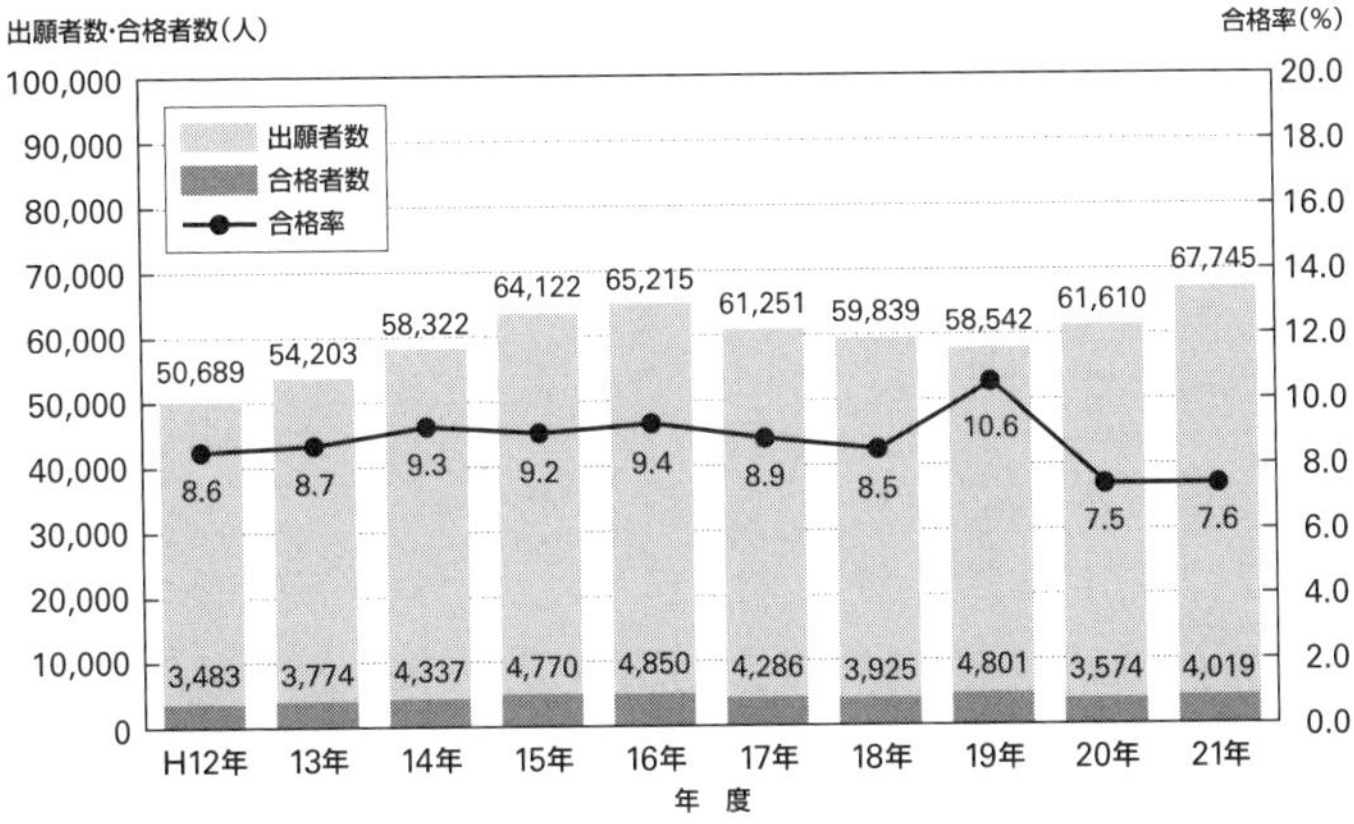

図1「社会保険労務士試験　出願者数・合格者数」

たしかに、年金問題、労使トラブル、頻繁な法改正などにより、社労士の業務の幅は大きく広がり、その認知度も年々高まってきています。しかし、社労士の開業率が急増するほど、仕事のパイが広がったとは思えません。

この数年の不景気、特に平成20年後半に襲ってきた「10年に一度」と言われる大不況によって、多くの企業が倒産を余儀なくされました。また、倒産とまではいかないにせよ、どこの企業も非常に厳しい状況です。

そのため、経営が順調な会社も含めて、ほとんどの企業が「少しでもムダを省こう」という方向に進んでいます。景気が多少よくなったとしても、今回の大不況を教訓として、企業は財布のひもを固くするのは間違いありませんし、すでにそのような状況になりつつあります。

「アウトソーシング」という考え方、やり方も、現在では「自分の会社でできることは、どんなに小さなことでも自分の会社で」という方向に変わってきており、**士業ビジネスの先行きは険しい**ものとなっています。

実際、私の事務所でも、今回の不景気により「またか……」というほど、顧問先の倒産、吸収合併などが相次ぎました。ストレートに言ってしまえば、顧問先が大きく減ってしまったということです。

現在、また少しずつ新しいお客様が増えてきてホッとしていますが、そのように厳しい現状が、他士業同様に社労士にも降りかかっているということは相違ありません。

2万円の顧問先より100万円の単発の仕事のほうが獲得は容易?

士業は、資格を活かして食べていくことがとても難しく、また独立・開業したからといって大きく儲かるという仕事でもありません。今後、士業にとってはさらに厳しい時代に突入するはずです。

社労士の顧問料は、会社の規模、従業員数、業務内容などによって異なりますが、月額2～3万円程度が平均なのではないでしょうか？（個人的には、顧問料3万円であれば、十分に単価のよいお客様だと思います）

企業からしてみると、「顧問先になる」ということは、決して安くはない費用が毎月定期的にかかるため、慎重になるのは当然のことです。

そのような傾向は近年、ますます高まってきていると感じます。現在は、2万円の顧問先より100万円の単発の仕事を獲得するほうが、ある意味簡単なことかもしれません。

「**いったい、ひと月に何件の顧問先を獲得すれば**食べていけるのだろう。顧問先を1件獲得するのでさえ、こんなにたいへんなのに……」

そう考えると、ぞっとしてきませんか？　私もかつてお客様がほとんどいなかった時代、そのように考えては深くため息をついていました。

士業には「使命感」が必要

士業仲間と「なぜ、この仕事に就いたのか」と語り合うことがありますが、私を含めて

「儲かりそうだから」と答える人は皆無に等しいと言っていいでしょう。

「一生続けられる仕事がしたかった」

「生きがいを感じられる仕事に就きたかった」

「人が大好きで、人に関わる仕事がしたかった」

「手に職をつけたかった」

みなさんそのように答えます。とても輝いた目をしながら……。


士業は、お金だけでは割り切れない、いい意味でも悪い意味でも、たいへん奥が深い仕事です。

神経をすり減らす仕事も多く、とても長生きなんてできないだろうな……と感じることもしばしばです。

でも、私はこの仕事を「やめたい！」と愚痴を言うことがあっても、本気でやめようと思ったことは一度もありません。


「こんな私でも、頼りにしてくれるお客様がいる」

「私でなければ、あの社長のワガママにはきっとついていけない」

「私がしっかり見ていかなければ、あの会社はめちゃくちゃになってしまう」

「あの社長はルーズなところがあるけれど、なぜか憎めないんだよな」

といった、半ば「使命感」のような気持ちを持って士業の仕事をしているのは、おそらく私だけに限ったことではないと思います。そうでなければ、業務の責任の重さに耐えかね、とても続けていくことなどできません。

士業を取り巻く現状の厳しさ、営業や顧問契約の難しさなど決して甘くはありませんが、その分やりがいがあり、奥深い魅力があるのが、士業の仕事なのです。

「士業サバイバル」に勝ち残る社労士とは？

「士業サバイバル」の時代に生き残るための方法

前にも申し上げた通り、現在、士業を取り巻く状況はとにかく厳しく、「士業サバイバル」の時代と言えるでしょう。

高層ビルの上から都心の街並を眺めていると、「見渡す限りビルがあって、それぞれにたくさんの企業が入っている。世の中にはこんなに数えきれないほどの会社があるのに、なぜ私は、たった1件の顧問先を獲得するのにこんなに苦労しているのだろう」と、情けなく、そして不思議にさえ感じます。

実際、ひとつの仕事を手に入れるのも、とても難しいことです。

士業を志ざす人は増加の一方で、若くて優秀な人がどんどん参入してきています。頭がよくてセンスもいいし、マーケティング能力もあります。

社労士試験自体も、私が20年近く前に合格したときと現在とでは、受験者層や試験問題など大きく異なります。勉強をしなければいけないこと、覚えなければならないことも、私が学んでいたときの1・5倍はありますし、内容も複雑で細かく、難問ばかりです。今だったら、私は社労士試験に合格できないかもしれません。

でも、私は**優秀だからこの仕事で成功する、とは思っていません**。

それでは、どんな人が士業で成功するのでしょうか?

その答えは、「努力し続けた人」だと考えています。努力することは当然、と思われるかもしれませんが、それを続けていくことは決して容易なことではありません。

コツコツ地道に努力し続けることができた人が、士業サバイバルの時代に生き残り、最終的には成功を手にするのです。そこが士業の仕事の特徴であり、おもしろいところでもあります。

「続ける」ことが成功のカギ

私が本当の意味で成功をしていると思うのは、地元に愛され、長く続けている社労士です。

そのように言うと、地味に感じる人もいるかもしれません。しかし、「長く続けること」のすごさ、そして難しさを理解している私としては、コツコツと安定して仕事を続け、そして、お客様と以心伝心ができる人間関係を築くことは素晴らしいことです。これこそ、**私たち士業が目指すべき姿**ではないでしょうか？

長く続けている社労士を、今どきのやり方ではない、たいした仕事をしていないなどと侮る人もいますが、私はそうは思いません。そのような社労士は、お客様にとって、自分や自分の会社のことを何よりも理解してくれる存在なのです。**「お客様のこころ」をしっかりつかんでいる**からこそ、お客様との関係は長く続くのでしょう。そうでなければ、とっくに契約解除をされているはずです。

「短期間で儲かる」のは「成功」ではありません。私は、「成功」という言葉の定義とは、**「長期間にわたって安定したお客様、そして収入があること」**、そして**「自分の仕事に誇りと生きがいを持てること」**だと考えています。

短期間で集中的に稼ぐことは、決して難しいことではありません。しかし、独立・開業後、**事務所を安定的に経営すること**は、その何倍も何十倍もたいへんなことなのです。

士業サバイバルの時代を勝ち抜くためには、たとえ苦労をしても、多少時間がかかっても、事務所経営を「安定ライン」まで持ってくることが重要です。

ただし、「安定ライン」まで持ってくることができたとしても、その後、現状に満足して前進のための努力を怠ってしまうと、少しずつ下り坂となってしまいます。士業は**一生、学び続け、営業努力をし続け、人間力も磨き続けなければならない仕事**なのです。

行動することが成功のスタートライン

士業で食べていくのは、厳しい反面、「廃業」は思ったほど多くはありません。

「『石の上にも3年』という言葉があります。開業したての頃はお客様がいなくてきつくても、3年……場合によってはもう少しかかるかもしれませんが、必ず芽は出てきます。お客様は少しずつ増えてくるものなのです。社労士は、意外と廃業する人って少ないんですよ。だから、それまで耐え抜いていきましょう」

私はセミナーでよくこのような話をします。言い方を変えるならば、こういうことです。

「『石の上にも3年』という言葉は、必死に努力し続けた人は3年経てば、必ず芽は出るということです。ただじっと毎日事務所にいるだけで何も行動を起こさなければ、3年どころか10年経っても、それどころか一生かかっても、お客様はできません」

3年かかるか5年かかるかは人によって違うでしょう。また、目指しているものも、成功の定義も人それぞれです。もしかしたら、成功と思えるまでに10年かかってしまうかもしれません。しかしいずれにせよ、芽が出るまでの間、**何もしないままでは、10年経っても1円だって稼げない**ということです。自ら外に出て行き、いろいろな人と知り合い、多くのことを学び、少しずつでも前進していくように行動しなければ、成功することはできません。

実際、どんな人が成功しているかというと、「あれはダメ、これもきっとダメ」とマイナス思考にならず、また、「あれは嫌だ、これは嫌だ」と選り好みしないで、今できることを着実に、コツコツとやってきた人です。

そして、多くのお客様や仲間からたくさんのことを素直な気持ちで吸収して、それを自分のやり方として「アウトプット」できた人なのです。そのことが実践できれば、きっとあなたにも成功が訪れるでしょう。

「営業力」だけでも「知識力」だけでも成功はしない

士業はバランス感覚が大事

士業の人を見ていると、ふたつのパターンに分かれることに気づきます。ひとつは「**営業力**」、つまり、マーケティングや話術に長けている人。そして、もうひとつは「**知識力**」、つまり、よく勉強をしていて法律などに詳しい人です。

営業力のある人は、会話が巧みで、たしかに顧客獲得は得意です。その一方で、実務において多岐にわたる事項や難解な質問に対し、問題を深く掘り下げ、しっかりと対応することができない人もいます。お客様は、どんなに話が上手であっても、簡単に乗せられたりはしないものです。

知識力に長けている人が陥りがちなのが、つい難しい説明になりすぎてしまい、相手が教えてほしいこと以上に自分の知識や考えを延々と語ってしまうことです。

また、士業の実際の仕事は法律書等で得た知識とは異なり、なかなか法律通りにうまくいくようなことはありません。お客様にとっても納得できないようなことが多くあります。

そのようなことに対し、知識力に長けている人は、実態に合っていないと思っているのにもかかわらず無理に法律に合わせようとするなど、頭の中の知識だけで判断しまうことがあります。

士業は、**営業力と知識力のバランスがいい人が成功している**ように感じます。どちらか片方だけに偏っていたのでは、決してうまくいかないでしょう。

開業当初は、いわゆる「ハッタリ」の営業力も必要かもしれません。法律家は、お客様にとって自分を守ってくれる存在です。わからないことばかりのときでも、堂々とした態度でなければ、お客様は不安に感じてしまいます。

ただし、**ハッタリは長くは通用しません**。できる限り早く、勉強してきた知識と実務経験とを重ね合わせて、実力をつけていかなければ、お客様にも仲間にも相手にされなくなってしまいます。成功する士業を目指すのであれば、営業力と知識力をバランスよく兼ね備えることが大切です。

「顧客のこころをつかむ」のもマーケティングのひとつ

小手先だけのテクニックに頼りすぎない

マーケティングとは、広告、宣伝、集客、販促に関する戦略を意味しますが、最近は特に開業間もない人たちが、そういうものに頼りすぎる傾向が強いと感じます。

マーケティングにはさまざまな手法がありますが、小手先だけのテクニックは流行り廃りも激しく、すぐにマネをされてしまうということも肝に銘じなければなりません。**小手先だけのテクニックでは、一時的に仕事を取り、儲けることができたとしても、決して長続きはしない**のです。

士業にとって目指すべき目標、そして仕事の長所は、「安定（安定した収入、安定したお客様、安定した生活）」です。目先のことにとらわれず、常に先を見据えた営業をしていかなければなりません。

それでは、「私がマーケティングについてすべてを否定しているか」というと、そんなことはまったくありません。

たしかに私の苦手分野ではありますが、士業も営業やマーケティングを行なわなければやっていけない時代となった今、どんなことでも一度やるだけやってみてダメであればやめよう、「やらず嫌い」はやめにしようという考えから、いろいろなことにチャレンジしています（4章で詳細に述べます）。

ネットはお客様とのきっかけ作りと位置づけよう

私は多くの士業の成功者と情報交換をする機会がよくあります。中にはマーケティングを得意とする人（特にネット系に強い人）もいますが、意外にも、私が想像していたような「ネットで手軽に、効率よく儲ける」タイプではありませんでした。

たとえば、インターネット上で仕事を多く受注している人であれば、朝から晩までパソコンに向かっていると言っていいほど、地道にコツコツと作業をしています。

また、企画力に長けている人は、どんなときでも「何かおもしろいことはないか？」と考えていて、その熱意は想像を絶するものです。そのため、「こんなことを始めたらいいかも！」などと話し合っていると、すぐに具体的なアイデアが湧いて出てきます。

彼らを見ていると、「ネットで手軽に、効率よく儲ける」などといった考えはまったくなく、「何をするにしても、どのような戦略でいくにしても、**〝中途半端〟では絶対に成功はしない**」と感じます。

成功する士業の人たちは、仲間をとても大切にしています。士業ほど、「人と人の実際のコミュニケーション」が必要な仕事はないと言っても過言ではありません。

私たち士業は、モノを販売する商売と違い、**「人」や「知識」が商品**なのです。ですから、**ネットの世界だけで、すべてを完結させようとは思ってはいけません**。ましてや、顧客を小手先だけのテクニックで釣るようなことに頼るのだけは、絶対にやめるべきです。

ネットは、あくまでお客様との最初の接点であり、出会いのきっかけと位置づけたほうがよさそうです。ネットがきっかけのおつきあいでも、実際お客様と出会ったときに、その会社のために自分は何ができるのか、いかに魅力的な提案ができるか、ということのほうに力を入れていくべきでしょう。

成功している士業の方は、そのことをよく理解しています。ビジネスの根本的な考え方ややり方を身につけてから、営業やマーケティングを行なわなければ、自分が望む目標とは異なる方向に進んでいってしまうこともあるのです。

本来、「マーケティング」という言葉は、「顧客が真に求める商品やサービスを作り、その情報を届け、顧客がその商品を効果的に得られるようにする活動」のすべてを表わす言葉なのです。

「顧客が何を求めているか」＝「顧客のこころをつかむ」ということも、非常に重要なマーケティングのひとつだということを忘れてはいけません。

「ワークライフバランス」は10年後に考える

開業当初は、命がけで仕事に取り組む

ここまで、士業について厳しいことばかり書いてしまいました。これから資格を取ろう、開業しようという人が読んだら、「やっぱりやめよう」と、引いてしまうようなことばかりだったかもしれません。

しかし、私はそれでもいいと考えています。そのほうがみなさんのためかもしれないからです。それほど士業の業務内容、そして士業として食べていくことは生易しいものではないのです。

みなさんは、仕事だけではなく私生活も充実させたいと考えていることと思います。士業を目指す、あるいは興味があるという人は、「自分らしく生きたい」「自分の時間を大切にし

たい」という人が多いですから、なおさらでしょう。やりがいのある仕事と充実した私生活を両立させるという考え方、「ワークライフバランス」を意識している人も多いはずです。

もちろん、「仕事と生活の調和」は、理想ではあります。しかし、時代に逆行してしまうようですが、私はこう思うのです。

「士業は、命がけでやらなければいけない、責任の重い仕事」
「自営業は、そんなに甘いものではない」

甘くない、という意味にはいろいろあります。士業を始めて最初の段階では、「食べていくのが甘くない」という問題が、まずは降りかかってくるでしょう。

私がセミナーなどで、よくお話しすることがあります。

「1000万円ぐらいの年間売上を目指そうと必死に努力を重ねれば、もしかすると100万円くらいは稼げるかもしれません。1000万円を目指す努力って、想像を絶するほどすごいものですよ。

300万円くらいの売上でいいかな？　という人は、せいぜい30万円ぐらいしか稼げないでしょう。

また、女性社労士の中には、『自宅でも仕事ができるし、子育てとも両立できそうなので、開業することにしました。あまり無理はせず、パート収入程度でいいと思っています』という人が少なからずいるのですが、そのような気持ちでは1円だって稼ぐことはできません。それほど**お客様の目は厳しいもの**なのです」

開業をしている士業の方の多くは、このことについて否定はしないと思います。実際に、士業で稼ぐことの難しさを経験しているからです。

もちろん、開業当初から順調な人も中にはいますが、とてもマネできないような努力と勉強と投資をしています。ですから、そういう人も私と多少意見が異なるにしても、「そんなことはない、簡単に稼げるよ」などと、軽々しい言葉は決して吐かないはずです。

才能のなさを補ってくれた強い信念

開業したての頃、あるいは勤務社労士であっても、この仕事に就き始めたときは、「ワークライフバランス」という言葉を忘れるほど働かなければならないと思うのです。それくらい無我夢中でやっていかなければ食べていくこともできないし、仕事も覚えられません。

私は、自分自身の才能などたいしたものではない、ということをよく理解していました。

その才能のなさを補うものがあったとすれば、「この仕事に就いた以上、途中で挫折するわけにはいかない。そして、**私を選んでくれたお客様のためにも、期待を裏切らない仕事をしたい**」という信念だけでした。

そのような考えを持つようになったのは、私がＯＬだった頃、先輩が言っていた「私たちは会社からお給料をいただいている。そして、それはお客様があってのこと」という言葉がきっかけです。

ごく当たり前のことを言っているだけと思われるかもしれませんが、当時の私は大きな衝撃を受け、それ以来、仕事に対する取り組み方が少しずつ変わっていきました。

その後、私は勤めていた会社を辞め、社労士事務所に勤務しながらのひとり暮らしを始めました。家賃と税金、年金などを差し引くと、給与当日なのに3万円ほどしか残っていないという生活でした。

また、開業後も売上がまったくない期間が1年あまり続き、それから7年間、とても食べていけるような収入ではなかった時代を過ごしました。

このような経験から、「**1円を稼ぐこと、1円をいただくことのありがたさ**」を、今でも強く感じています。

会社勤めをしていたとき、決まった日に給与をもらっていたことがどんなにありがたいことだったか、今の自分ならよく理解できます。現在、**顧問料を毎月決まった日に振り込んでいただけることは、決して当たり前のことではない**のです。

私たちの一番の目標は「安定」です。今、このときの収入も大切ですが、安定したお客様、安定した収入、安定した生活を得て成功するためには、まずは10年後を見据えた営業をしていく必要があります。「ワークライフバランス」を考えるのは、それからのことなのです。

次章からは、お客様に選ばれる社労士になるための「顧客のこころ」をつかむ営業テクニックをご紹介します。それは、すぐに効果が出たり、劇的に成果が上がるといった派手なものではないかもしれません。

しかし、**10年後もお客様に選ばれる社労士であり続けるために、本当に必要な営業テクニック**なのです。

2章

顧客のこころを
ギュッとつかむ！会話術

相手の気持ちをキャッチしながら会話を進めよう

お客様が望む「話題」と「話し方」を探る

士業の仕事において、「説明は、できる限り簡単な言葉で簡潔に」「難しい法律用語は使わないようにする」とよく言われます。

たしかにその通りだと思いますし、私自身もそのように心がけています。

しかし、もう少し応用をきかせるのであれば、**「相手の会話や表情をしっかり見ながら、内容や話し方を変えていく」**ことを心がけるべきです。

「結論だけ教えてほしいと思っているな」

「細かい説明は退屈そうにしているけれど、具体例だと興味津々になって質問してくるので、もっといろいろな事例をお話ししよう」

「このお客様は法律の基本的なことはよくわかっているので、簡単なところから説明するのは失礼にあたるな」

「早く話を終わらせてほしいと思っているな。次の予定があるのかもしれない」

このように、相手の状況や考えていることを随時キャッチし、お客様の望むような話題と話し方にしていくのが理想なのです。


それは簡単にできることではありませんが、まずは「**自分本位にならないように気をつけて会話をする**」ということを意識するだけで、おのずと会話の仕方が変わってくるでしょう。

社労士の場合、「法律をしっかり守り、とにかく安全にやりたい会社」「多少の危険性があっても、ギリギリのやり方、グレーゾーンでいきたい会社」など、お客様の状況や価値観はさまざまなのです。お客様によって話の内容が変わってくるのは、当然のことと言えます。

お客様が求めていない方向で話を進めてしまうと、相手はとまどうだけです。

「従業員」に対する考え方ひとつ取っても、社長によってまったく違います。「就業規則」や「契約書」などの規定を厳しくするなど、従業員を縛るようなことは嫌だという社長もいれば、何か問題があったら困るので、徹底したリスク管理を目的に就業規則を作りたいという社長もいます。

どちらが正しいとも間違っているとも言い切れません。まずは、社長の考え方を受け入れたうえで、これまで担当してきたさまざまな事案や知識を踏まえ、自分のプロとしての意見を述べればいいのです。

ですから、会話の中でアンテナを張り巡らせ、できるだけ多くの情報を迅速にキャッチしていかなければなりません。相手がどのようなことを望んでいるか、という本音の部分です。最初から本心を話していただければラクなのですが、なかなかそうはいきません。相手も、同じようにこちらの様子や意見をうかがっている場合も少なくないからです。そのため、**会話をしていく中でお客様のこころを開いてもらい、本音を読み取っていくしかない**のです。

お客様の本音や本心を受け入れて会話を進めるというのは、「風見鶏になる」「八方美人になる」こととは違います。相手の考えを尊重しながら、会話をしていくということなのです。

お客様のことを「理解したい」「知りたい」という気持ちが大切

ところが、お客様と会話することだけで精いっぱい、というときもあるでしょう。そのような場合は、精神的な余裕がないかもしれません。でも、ほんの少しでも気持ちに余裕を持って話を進めたいものです。

そのために私がしているのは、**「相手のことを知るための努力」**を徹底的にするということです。

初めておつきあいする会社に訪問するときは、その会社のホームページは徹底的に読み込みますし、お会いする方がブログを書いていれば、かなり前のエントリーまで遡って読みます。また、著作があるのであれば、時間が許す限り読むようにしています。

そのような「事前準備」をしておけば、**どんな場合も精神的に余裕を持って対応できます**。

「貴社は、輸入事業も手がけているのですね」「創業30年なんて、すごいですね」など、お客様自身の詳細な情報をあらかじめ知っているだけで、会話が止まったときにも話題に困りません。「ホームページにあった創業間もないときのお話に感動しました」と言われて、嫌な思いをする人はいません。照れながらも、喜んで話をしてくれるはずです。

また、「ブログを拝見しました。ジムに通われているのですね。私も週に2回ほど通っています」など、相手の興味のある方向に話を進めることもできます。

私の体験で言えば、「話が弾まないし、何を考えているかわからないから、少し苦手だな」と感じていた契約先の社長がいたのですが、あるとき、私はその方のブログを発見したのです。そこには私の知らなかった温かさとかわいらしさ（それなりの年の男性ですが）が溢れるブログで、一気にその社長に対する苦手意識がなくなったということもありました。

また、相手の情報をキャッチすると、**会話やコミュニケーションを行なう中で優位な立場に立つことができます**。

以前、私の事務所で求人募集をした際に、何十もの応募がきました。しかし、応募書類や履歴書に「長沢先生の本を読んで、社労士の仕事にやりがいを感じました」「ブログを読み、仕事への取り組み方に共感を持ち……」などと書いてきた人は皆無で、驚いてしまいました。「なんとか社労士事務所に勤めたい、社労士の仕事をしたい」という気持ちはあるとは思いますが、「〝長沢社会保険労務士事務所だから〟働きたい」という思いは伝わってきませんでした。厳しい言い方をすれば、「私の事務所でなくてもかまわない」と捉えられても仕方がありません。

もし、私の事務所で働きたいという思いが伝わるひと言があれば、私自身や私の事務所のことを調べて応募したということがわかり、明らかに有利だったはずです。

採用基準の要素はそれだけではありませんが、やはり「この事務所で働きたい、この人のもとで学びたい」という思いを持った人に来てほしいと思うのは、当然のことだと思います。

相手のことを「理解したい」「知りたい」という気持ちが何よりも大切なのです。その気持ちさえあれば、自然と行動に表われてくるはずです。

「一流・プロ」から学ぶ、相手のことを理解する方法

「一流・プロ」が当たり前のように行なっていること

前項で述べた「相手のことをあらかじめ知る努力」は、私がこれまで知り合った人たちから、教わったことです。

これまでも当然、最低限の情報収集をしてからお客様のところにうかがうようにしていましたが、いろいろな方にお会いする中で、自分がまだまだ徹底できていなかったことに気がつきました。

私の事務所では、以前より徐々に上場企業など大手企業からの依頼が増えてきたのですが、「**一流と呼ばれる会社には、それなりの理由がある**」と感じることが度々あります。

たとえば、私が初めて先方におうかがいすると、相手は書類とともに必ず私の著作を抱え

てきます。そして、「本を読ませていただきました」と、必ず感想を話してくださるのです。

これは一社に限ったことではなく、ほとんどの会社で同じでした。

私の事務所のホームページなどもしっかり読み、こちらのこともあらかじめ理解していただいているので、仕事の話もスムーズに進みます。私は感激すると同時に、「一流のビジネスマンのマナーとは、こういうものなのか」と感じました。

以前、業界最大手の企業に、大きな仕事を依頼されたときのことです。仕事の後の食事会で、担当者があまりにも私の考え方などいろいろなことをよくご存じでびっくりしました。後から私のブログを数年分、遡って読んでいただいていたということを知ったのですが、本人は、そんなことは一切口に出しません。読むのには、何時間もかかったことでしょう。

「仕事をお引き受けいただくのに、こちらも先生のことをきちんと理解したうえで接しなければ、失礼にあたりますから……」

私より年齢も社会的立場も上の方なのに、照れながらそのようにおっしゃる姿を拝見して、本当に頭の下がる思いでした。

業界シェア日本一を誇る企業から、講演の依頼を受けたときの話です。その会社の取締役自ら、私の世話役をしてくださったのですが、「部下が山のように先生の情報をネットから印刷して持ってくるんです。どんな先生がお話しされるのか、しっかり頭に入れておいてくださいい、ってね。もちろん、すべてしっかり目を通しました」という取締役の言葉を聞き、「すごい！」と思いました。取締役だけでなく、その部下も、「一流」の意識を持って行動しているのです。

いずれの例にしても、**「相手のことをしっかり理解しよう」という礼儀と、「お客様を最大級の尊敬の念で迎えよう」という気持ち**がなければ、できることではありません。

また、最初の本を書いたとき、本書も担当していただいている編集長が、私のブログの記事を山のように印刷して、初めての打ち合わせに現れたのも印象的でした。2冊目を担当していただいた他社の編集長も、付箋がたくさんついた、あちこちに線が引かれた私の1冊目の本を持ってきました。私に会う前に、かなり読み込んでくださったのだと思います。

「著者の持ち味を最大限に活かす作品を作ろう」、いい仕事をしよう、という「**プロ意識**」がそのような行動につながったのでしょう。

相手の情報を「知る」だけではいけない

一方で、「先生の著書をじっくり読ませていただきました」などとアピールしてくる人の中には、話をしていくうちに「そのことって本に書いてあるのに……」「この人、本当はほとんど読んでいないんじゃないか」と思ってしまうような人もときどきいます。

たしかに、相手の情報を知っていれば話を優位に進めることができます。しかし、ただ上辺だけを読んだり調べたりするようでは、相手にそのことをすぐに悟られ、逆に信頼を失うこともあるということに気をつけなければなりません。

もちろん、どこまで詳しく相手のことを調べて理解できるかは限りがあります。しかし、相手に共感を持ち、また、その人のことを**本当に理解したいという気持ちがあって初めて、お客様の求めていることが深いところでわかってくる**のです。

役所と同じことを言っていませんか？

顧客満足はトータルで評価される

役所と同じようなマニュアル通りの答えを、役所と同じような口調で答えていては、私たち社労士など必要がないでしょう。

社労士の仕事を企業の「アウトソーシング」として、単なる手続き代行（書類作成）だけをこれまで通りこなしているだけでは、この厳しい時代に生き残ることは困難です。

決して、手続き代行の業務を甘く見ているのではありません。手続き代行は、社労士にとって大切な業務のひとつですし、すべての基本となる仕事でもあります。

しかし、選ばれる社労士になるためには、手続き代行でも、ただ用紙に必要事項を書いて役所に提出するだけではいけません。

最後までスムーズに手続きが終わるか、気持ちのよい応対ができるか、そしてお客様に的確なアドバイスができるかどうか……。**お客様の満足度は、そうした対応のトータル・ポイントで左右されるのです。**

たとえば、最近は解雇関連の相談が非常に多いのですが、そのようなときに「解雇の場合は、30日前に解雇予告をするか、もしくは30日分の解雇予告手当を支払う必要があります」などと、労働基準法をそのまま読み上げるような返答は、もちろん論外です。

「原則、解雇はよほどの理由がないと認められません」「就業規則にどのように記載されているかですね」という答えも、たしかにその通りではありますが、これだけでは役所の対応とそう変わらず、お客様にしっかり説明しているとは言えません。

「今は、解雇については非常に厳しいですよ。最悪の事態を考えれば、つまり解雇した人から訴えられた場合、同じようなケースでは、給与の○カ月分程度を支払うことになる判決が多いですね。どうしても解雇をするというのであれば、突然するのではなく、段階を踏んでいかなければいけないのです。まずは……」というように、具体例を交え、さまざまなケースを想定しながら話していけば、お客様も実際にどういう対応をすればいいかをよく理解することができるでしょう。

他社での具体的な事例は、わかりやすく説明するよい方法であり、**お客様の一番知りたい**

ところです。単に必要事項だけを役所的に答えるだけではなく、相手の知りたい部分や、相手にとって役立つ情報をプラスすることは、お客様の満足度を上げることにつながります。

お客様が聞きたいことはそれぞれ異なる

役所は、立場上あまり踏み込んだことは言えませんし、無難な答えしかできません。回答内容もある程度マニュアル化され、職務上、同じように答えることが求められています。また、社労士も自分の立場を守るため、役所と同様の対応になってしまうこともあるでしょう。しかし、私は社労士として法律に抵触しないラインにおいて、自分のわかる範囲内でできる限りの説明をするべきだと考えています。それが、**士業の役割**なのではないでしょうか。

お客様が聞きたいのは、役所に行けば事足りるような**通り一辺倒のことだけではない**はずです。

「法律は○○とはなっていますが、実際のところは○○なのです」「実際他社では、○○としているケースが多いですよ」というような、役所の人が教えてくれない、あるいは教えられないような「現場」に沿った情報を知りたいのです（もちろん、法に触れるような裏技を教えるという意味ではありません）。

「法律上は○○ですが、うちとしては○○としたい。これは法律的にはマズイでしょうか？」といった相談も、役所には絶対できません。

そのようなときこそ、「あまりいいとは言えませんが、○○なら、今後は修正してくださいと指導される程度でしょうね。役所としても、難しい判断のようです」「それは絶対マズイです。やめてください」などと、お客様の求めていることに的確にアドバイスができたら、お客様の信頼もますます高くなるでしょう。

お客様の悩み、そして実際にお客様の会社で起きている問題は、たとえ同じようなケースであっても、まったく同様のものはひとつとしてありません。士業は、お客様に対して「**オーダーメイド**」の答えをしなければいけないし、それが私たちに求められていることでもあるのです。

まったく同じ質問を受けても、答えはすべて違う

会話はマニュアル化できない

社労士は日々、お客様からいろいろな質問を受けますが、ほぼ同じような内容ということも少なくありません。

そのような場合でも、私の答え方は、お客様によってすべて異なります。まったく正反対のことを言うときもあれば、微妙に言い回しを変えるときもあります。

私の事務所では、事務手続きにおいては徹底的にマニュアル化をしていきたいと考えていますが、お客様との会話については「**マニュアル通りの回答と話し方は絶対にしない**」というのが信念です。

たとえば、会社と従業員どちらが悪いとも言えないような（どちらにも落ち度があるよう

な）理由により、解雇がらみで従業員から金銭を要求されるというケースでは、「1円たりとも支払う必要はない。お金と時間がどんなにかかろうと徹底的に争うつもりだ。他の従業員にも示しがつかないし、自分の気持ちとしてもどうしても納得がいかない」「多少の金銭なら支払ってしまって、早く終わりにしたい。時間がもったいない」などと、社長の意見もさまざまです。

どちらの考え方も間違ってはおらず、考え方や価値観に違いがあるだけなのです。当然、この2人の社長に同じ回答をできるはずがありません。

日々のおつきあいの中で社長の性格や価値観というものをしっかり理解できていれば、相談をされたときの答え方、言い回しも変わってくるでしょう。

もちろん、いずれの場合でも、そのようにした結果どうなるのか、他にどのような方法があるのかということはきちんとお伝えしなければいけません。

私は、**お客様の「譲れない価値観」を大切にしています。**それがたとえ一般的に認められないようなこと、法律的に問題があるようなことであったとしても、ひとまずはその「気持ち」を理解してあげたいのです。

初めて会う相手や、つきあいの短い相手に対して、「**性格や価値観を理解して受け答えを**

する」というのはなかなかできないやり方ではあります。
しかし、お客様と話をしていく中で、相手の小さな表情のひとつひとつから、必死に「お客様の性格や価値観」を探っていき、適切なアドバイスができるようになることが「顧客のこころ」をつかむための第一歩となるのです。

最終判断をするのはお客様

しかしながら、最近、失敗してしまったことがあります。

ある少額の助成金がもらえそうな会社がありました。しかし、その助成金制度は、金額が少ないのに提出書類は膨大で、私にとっても会社にとっても、かかる手間や時間はとても割に合わないというものでした。私が手数料をいただいたら、お客様にとってまったく利益のないものとなってしまいます。それでもやろうと判断する会社もあると思いますが、その社長の性格と会社の体質を理解していた私としては、あえてお勧めはしませんでした。

しかし、後になって、「なぜ、その助成金について教えてくれなかったのですか?」と言われてしまい、私は黙り込んでしまいました。

正直に理由を話すと、その社長は、「気持ちはありがたいけど、**する、しないを判断する**

のはこちらなんだよ」と、ゆっくりとした口調で言いました。

たしかに、その通りなのです。「お客様の価値観を大切にする」という信念を忘れていたわけではありませんが、自分の中で慢心があったのは事実でした。

現在、私たちプロでもついていくのがやっとというくらい法改正や通達が頻繁にあります。その都度、すべての情報を伝えていたら、お客様も混乱してしまいます。ですから、何でもお客様に伝えるというのは、よい方法とは言い切れません。

しかし、最終的な判断は、お客様である社長や会社がすることであって、社労士がすべきことではないのです。

お客様を不安にさせない話し方

「だと思います」だとお客様の不満が残る

お客様からの質問に対して、知識が足りないことだったり、微妙なラインのことだったりすると、自信を持って答えられないこともあるでしょう。

私もいまだにわからないことの連続ですが、ひとつだけ成長したことと言えば、わからないことがあったときに、**お客様の前でうろたえなくなったこと**です。

自分の答えに自信が持てないとき、「たぶん○○だと思います」という消極的な表現になってしまいがちです。

でも、お客様は困っているから、迷っているから、相談に乗ってほしいから、仕事を依頼してくるのです。ですから、「○○です」と言い切ることができなければ、お客様も不安になるだけです。

お客様は不安感を抱いても、社労士に対して「それは本当に正しいのですか？」とは言いにくいので、結局、不満だけが残ってしまいます。

そのようなときは、せめて「○○だと思いますが、もう一度調べてからご連絡いたします」と答えるのが望ましいでしょう。

言い切ることでお客様に安心感を持ってもらう

最近の社労士の業務は、労働問題や諸規定の作成など、判断を誤ったら最悪な方向に進んでしまう問題が少なくありません。また、「従業員が、残業代のことで訴えてやると騒いでいるんですが、何と答えればいいのでしょうか？」「給与を上げてほしいと言われてしまったけれど、実際はなかなか難しい。どうしたらいいのでしょうか？」といった、ケースバイケースの答えづらい問題もあります。

しかし、いずれにしても、お客様から質問された以上はきちんと答えなければいけません。お客様の背中を押したり、選択肢を作ってあげなければいけないのです。あなたの**これまでの経験に基づく知識と感性で、**自信を持ってアドバイスしましょう。

「言い切ること」は責任も重く、たやすいことではありません。それでも、言い切らなくてはいけないのです。それが士業の仕事です。

そのためにもやはり、後から調べて答えるということもテクニックのひとつなのです。自信が持てず、お客様に不安感を抱かせてしまうような答え方より、多少お客様を待たせても、自信を持ってお客様に答えるほうがよい方法だと言えます。

もちろん、日頃から実力と自信を兼ね備える努力を怠ってはいけません。**無理をしなくても、こころから言い切れる**ということは、お客様の信頼を勝ち取る方法なのです。

気軽に質問できる雰囲気を作る

お客様のこころに響く対応をしよう

私自身だけでなく、事務所の職員も含めて、一番気を遣っていることが、「お客様が気軽に質問できる雰囲気作り」です。

これまでの自分を振り返ってみると、「女性」「若い（開業当時は、20代でした）」というデメリット（メリットでもありますが）を乗り越えてここまでやってこられたのは、私に「質問しやすい」「簡単なことでも聞きやすい」「業務外のことでも相談しやすい」雰囲気があったからだと思います。だからこそ、そうした**持ち味を活かした社労士事務所であり続けよう**と心がけ、事務所の職員にも徹底させています。

ただし、「いつでも質問してくださいね」と親しみやすさをアピールしても、口先だけでこころが込められていなければ、言わないほうがよほどマシです。

私たちは知識が商品です。しかし、それを理解していないお客様も少なくないため、聞くだけ聞かれて、仕事の成果には結びつかなかった……ということもあります。そのあたりをシビアに管理している士業の方もいますが、相手が相談している最中に、「ここからは有料です」「このご質問は正式にご依頼いただかないと……」と話を中断してしまうようでは、お客様のこころに響く対応とは言えません。

お客様に限らず、同業者、他士業、いろいろな方から質問や相談を受けることがあります。その「10のうち9」がその場限りの関係で終わってしまったとしても、**「1」でも仕事になれば、とても大きい収穫**なのです。

人間的な魅力のある社労士になろう

忙しい業務の中で、ひとつひとつの質問に答えていくことは易しいことではなく、時折、投げ出したくなるような気分になってしまうことがあります。その度に「初心を思い出しなさい！」と、自分で自分を叱りつけています。

あるお客様のところで興味深い話を聞きました。口が悪く、態度も大きい年配の社員がいるのですが、その人は長年にわたっていい営業成績を収めているのです。

「なぜ、このような人がいい成果を出せるのだろう？」と不思議に感じたため、思い切って社長に聞いてみました。すると、社長は、「あの人は口はたしかに悪いけれど、お客様から『どうしても今日、この商品が必要だ』とお願いされたら、『しょうがねえなぁ……』と言いながらも、嫌な顔ひとつせず対応してあげるんです。だから、お客様がみんな彼を頼っていて、何でもお願いする。とにかく面倒見がいいんですよ」と教えてくださいました。

そして、私が何よりも納得したのは、社長の次のひと言でした。

「彼の口癖は、『自分が何かをしてあげることは大好きだけど、借りを作ったり、見返りを求めたりするのが大嫌い』なんです」

そのように**人間的な魅力に溢れた人**だからこそ、気軽にお願いでき、こころから信頼することができるのでしょう。私が逆の立場で、社労士に頼むことがあれば、こんな人にお願いしたくなるはずです。

「話す」技術よりも「聞き出す」技術

会話は否定から始めないようにする

士業の仕事において、私は話す技術に関しては「普通」程度で十分だと考えています。それよりも必要なのは、「聞く技術」です。士業には「話すのが得意でも、聞くのは苦手」という人も少なくないですが、相手の話を途中で口を挟まず、じっくり聞かなければなりません。士業の仕事は、すべてそこから始まるのです。

従業員に関するグチでも、法律に関するグチでも、私はとにかく否定せず、**まずは社長の話をじっくり聞く**ことにしています。毎日いろいろなケースで社長と会話をしますが、私が気をつけているのは、「そうですよね。そう言いたくもなりますよね」と、いったんは社長の意見に賛同することです。

「社会保険に加入させてほしいなんて気軽に言うけど、いくらかかると思っているんだよ」

「社会保険料って高いですしね。そんなことより早く仕事を覚えろ！ と言いたくなる気持ちもわからなくはないです。だけど……」


「労働基準法を守っていたら、会社が潰れちゃうよ。労働時間週40時間制なんて無理に決まっているだろう。そんなの就業規則に書けないよ」

「週40時間制といったら、出社が月曜日～金曜日、勤務時間が9時～18時という感じですよね。うちの事務所も、それでは仕事が全然終わりません。でも……」


「あんなに年中遅刻してくるし、仕事も全然できないヤツを解雇するのに、なんで解雇予告手当を30日分も払わなきゃいけないんだ。オレは払わないからな」

「社長が頭にくる気持ちはわかります。何度社長が注意してもダメでしたね。でも、法律では30日前に解雇予告をするか、即時解雇の場合はその分、解雇予告手当を支払うとなっています。そこだけはきちんとしておかないと、後で必ずトラブルになりますから、最低限度解雇予告手当だけは支払ってください。最近では、解雇予告手当だけでは済まないケースも多くなってきていますから……」

もし、社長の話に賛同できなかったとしても、否定は絶対にしないように心がけています。「お気持ちはわかるのですが、法律ではそれができないのです。おかしいと感じるかもしれませんが、○○とするしかないんですよ」といったん受け止めた後で提案すれば、社長も素直に聞いてくれるはずです。

最初から「ダメだ」と否定から入ってはいけません。言い方を間違えると、冷たく感じるだけでなく、会社のことや自分のことを考えてくれていないのではと感じ、こちらに対して頭にきたり、信頼感を失ったりしてしまいます。

また、社長の話を聞くこと、受け止めることだけで解決する問題も少なくありません。始めは「クビにしてやる！　解雇するには何日前に言えばいいんだ？」などと興奮していた社長も、言いたいだけ言ったら気が済んで、従業員を辞めさせずに無事に済んだということもありました。

自分に置き換えて考えてみても、とにかく話を聞いてほしかったり、自分の気持ちを人にわかってもらいたいだけというときはあるものです。まずはお客様の不満に思っていること、やりきれない思いなど、**「お客様のこころ」をしっかり受け止めることから始めましょう。**

話す技術は高くなくてもいい

また、さらにもうひとつレベルアップをして、**「聞き出す技術」**を身につけましょう。

「聞き出す技術」とは、相手の話を聞きながら、大切なところで話を膨らませたり、さりげなく質問をしたりして、仕事の成果に結びつけることです。

そのためには、私たちが「仕事をこなす」というより「お客様のお役に立つ」という姿勢になると、自然によい会話となっていきます。ただその人のことに興味を持っていろいろ聞きたいと思う……という気持ちがあるだけでも十分です。

家族のことでも、従業員のことでも、子供のことでも、社内のニュースのことでも何でもいいのです。たとえば家族のことでしたら、二十歳になった息子さんがいるのであれば、国民年金の学生免除の話でもいいですし、今度定年になる従業員の働き具合、性格、体力から話を始め、助成金、高年齢雇用継続給付、在職老齢年金、就業規則について……などという感じで話も進められます。

また、同業他社の話などをお聞きする中で、「そういえば、そこの会社は有給休暇の取り扱いで悩んでいてさぁ……」という労務に関する話につながることもあります。そのようなとき、「そうであれば○○としたほうがいいですよ」などとアドバイスをすると、後日、その会社を紹介してもらえたということもありました。

士業の仕事は、説明すること、答えることばかりが重要だと思ってしまいがちです。

でも、士業に一番必要なのは、「お客様の話をしっかり聞いてあげる」ことです。お客様の話をしっかり聞くことで、お客様のこころをつかみ、また**そこから新たな仕事が発生してくるもの**なのです。

お客様に「ノー」と上手に言う方法

こちらの都合だと思われた途端、お客様の気持ちは冷めてしまう

社労士は、お客様に法律をきちんと守っていただくように指導をすることも大切な仕事です。そのため、「それはできません」「無理ですよ」と、否定的なことも言わなければならないこともたくさんあります。

お客様に「ノー」と言うことは非常に難しく、言い方によってはお客様に「細かい」「うるさい」「偉そう」「こちらの気持ちをわかってくれない」と受け取られてしまいます。

たとえば、「有給休暇を取った人は、皆勤手当を減らしたい」ということは、今まで何度となくお客様から相談された事項です。有給休暇取得により、労働者側に不利益を与えることとは法律違反であり、やってはいけないことなのです。しかし、たいした理由もないのに有

給休暇を取りまくった結果、業務に支障をきたし、周りから反発されている従業員がいるような場合、単に「ダメです」と切り捨てるようでは、お客様のこころをつかむどころか「中小零細企業の気持ちをわかっていない」と反発されてしまいます。

まずは、そのような従業員がいるということに頭を悩ませている、社長の気持ちを理解してあげることが第一です。そのうえで、それでもどうしてもダメなのだということを、法律的な部分とともに説明しなければ、本当に納得して聞いてはくれません。

「○○という助成金があると聞いたけれど、受給できるなら手続きしたい」と相談されることもあります。しかし、52ページでお話ししたように、助成金の中にはわずかな金額でありながら手続きに何カ月もかかり、会社に負担がかかってしまうものもあります。

会社のリスクと引き換えという助成金も多く（規定などを従業員に有利、つまり会社にとって不利なものに変更しなければいけないなど）、会社のためにもほとんどメリットがないのでやめたほうがいいと思うものがかなりあります。

たしかに、受給できる可能性も高いことは否定できませんから、**なぜ反対するのかをわかっていただくのは、とても難しいことです。**

年商何千万円という会社でも、利益を10万円出すことは、たいへんなことですから、助成金の10万円でもお客様にとってはありがたいものなのです。

私も最近まで、そのようなことをなんとなくはわかっていても、頭の中できちんと理解できていなかった気がします。「こんなに従業員がたくさんいる大きな会社が、面倒な手続きをしてまでたった50万円の助成金を受給しても喜ぶはずはない」などと勝手に判断していたのです。

ですから、こちらが総合的に見て、「この助成金を受給するメリットは少なく、逆にデメリットが多いのでやめたほうがいい」ということを伝える場合は、最大限に気を遣わなければなりません。

「手続きが面倒だからやりたくない」「こんな受給額が少ない助成金では手数料もたいしてもらえないし、やりたくない」というような気持ちを少しでも持って「ノー（やらないほうがいい）」と言えば、こちらの都合だとすぐに悟られてしまいます。

もし、本当に会社のことを考えてメリットがないと思って反対しているのであれば、それをきちんと納得してもらえるように説明しなくてはなりません。

士業は「ノー」と言わなければならない状況の連続

同じように、「費用がかかるので、従業員を保険に加入させたくない」という相談を受けることもよくあります。

「保険加入は法律で決まっていること」と説明してしまえばそれまでですが、特に社会保険（厚生年金、健康保険）は本当に保険料が高いので、お客様の気持ちはよくわかります。私の事務所も任意事業所でありながら加入していますが、「無理して加入しなければよかったかな」と思うこともなくはありません。

ただし、加入すべき保険にきちんと加入していなければ、何かがあったときに保障はありません。また、役所の調査もありますし、従業員側からその点を指摘されることもあります。加入しないということは、あまりにリスクが大きすぎます。特に、雇用保険などは保険料が高くない反面、離職したときに雇用保険（失業保険）が受給できないという、労使間のトラブルが後を絶ちません。

このように、「なぜ保険加入をきちんとすることを、強く勧めるのか」ということを丁寧に説明しないと、「自分の資格を守るため、役所に対しての立場を守るためではないか」「後でごちゃごちゃするのが面倒だからではないか」とお客様に受け取られても、仕方ないかもしれません。

労使トラブルは、監督署に駆け込まれるだけではなく、場合によってはあっせんや労働審判、民事訴訟に持ち込まれてしまうことも近年ではめずらしくありません。私も以前は、判断が微妙な案件のとき、「この程度なら大丈夫ですよ。どうにかなりますし、何かのときはどうにかします！」と頼もしそうに答えていましたが、今はそのような気軽な答えなど絶対にできません。

労使でもめた場合、会社にとっては非常に厳しい結果が出るケースがほとんどです。そのため、社長が望んでいることに対して「念には念を入れて」「絶対に大丈夫などというものはない」「ある程度のリスクは覚悟する」というような消極的な対応をするしかありません。

それは私が逃げているわけでもなく、責任逃れで言っているわけでもありません。今後、その会社に起こり得る想定事項をきちんと説明して、協力をしながら対策を練るのが、その会社のためなのです。

士業は「ノー」と言わなくてはいけないことの連続ですが、**お客様のことを思い、相手の**

会社、社長の気持ちを理解して伝えれば、気持ちは必ず通じるものです。それをいかに伝えるかが、成功できる社労士に必要な会話術でもあります。

「こんな仕事をしても、たいした報酬にならないからやめたい」
「この仕事はよくわからないから、やりたくない」
「調べるのが面倒なので、やらない方向で勧めよう」

　少しでもそんな気持ちを持ちながら「ノー」と言った場合、お客様はすぐに察してしまいます。その途端、あなたに対するお客様の「信頼」は失われてしまうのです。

「ノー」を言わなければならないとき、私は、まっすぐ相手の目を見て言います。「社長の気持ちはわかるのですが、会社のためには、それはできません」と。

「どんなときでも、お客様の会社のために仕事をします」という姿勢を心がければ、いざ「ノー」と言わなければならないときも、自分の都合ではなく「**お客様のためのノー**」だということを信じてもらえるでしょう。

「経営者感覚」がわからなければ、こころは開いてもらえない

お客様である社長の苦労を理解する

「うちの会社は売上が上がって儲かっているのに、なぜ僕たちはこんなに給料が安いのかって従業員が言っているのを聞いて、本当に腹が立ったよ。**経費がどれだけかかるか**とか、そういうことをまったく考えていないんだよね」

「従業員から見たら高給取りでうらやましいって思われているみたいだけど、自営業者なんて**常にリスクと背中合わせ**。いつ大きな借金を抱えてしまうかわからないし、夢の中でも仕事のことでうなされているよ。こんなんじゃいくらもらったって割が合わないよね」

あなたが経営者だったら、このような言葉にウンウンと大きくうなずくのではないでしょうか？　私も、自分の事務所を持ったことでその気持ちがわかるようになりました。

士業の仕事自体は「知識を売る仕事」ですから、他業種と比べたら比較的経費がかかりま

せん。それでも人件費をはじめ、交通費、通信費、交際費など、挙げていけばかなりの額になります。さらに、事務所の賃貸費用や、駐車場の契約料などは、パートさんをひとり雇うことができるほどになります。

また、書籍代や研修費用も必要です。社労士としてレベルアップをするために、投資を怠ってはいけない部分です。

自分自身が事務所を持つようになってからというもの、「こんなにかかるの?」と驚くことの連続です。事務所が大きくなり、お客様が増えてくれば、その分経費も増えてきます。確定申告の集計の際も、「経費はこのくらいです」と見せられた金額がとても高くてびっくりしていたら、「まだ給与分は足していませんが……」と言われて倒れそうになったほどです。本当に、会社を経営するということは甘いことではないと実感します。

私は、事務所の職員によくこう言うのです。

「お客様の給与計算をしていると、社長の報酬が100万円、200万円だなんて、いくらでもあるよね。それをただうらやましいと思っているようでは、士業として一人前とは言えない。それは、まだ経営のことや、社長の気持ちがわかっていないということ。社長との信頼関係なんて絶対築けないよ」

恥ずかしながら、私も勤務社労士の時代、給与計算をしながら社長の報酬を「うらやましい」と思っていました。でも、開業をして初めて、そんなに甘いものではないということがわかったのです。経営者は、たとえ高い報酬を受けていても、少しでも会社が傾けば、責任を負わなければなりません。経営者は、常にリスクを抱えているのです。

経営者の苦労や複雑な思い、会社経営の難しさを100%理解することは無理かもしれません。しかし、「理解しようとする努力」をしなければ、お客様のこころをつかむことはできないでしょう。**経営者の気持ちに共感できて初めて、一人前の社労士となれる**のです。

どんなことがあっても、こころが揺れ動かないプロ意識が必要

社労士は、会社や、その会社の社長から報酬を受け取り、食べさせてもらっています。ですから、**社労士はお客様の味方にならなければなりません**。

たしかに、ワガママな社長のせいで従業員がかわいそうだと思うこともあります。簡単に従業員を解雇したり、有給休暇も快く取らせてあげない、従業員が少し意見を言うだけで「あいつは生意気だ！」と怒っている、昨日と今日で言うことが違って、従業員もどうして

いいかわからない、労働保険や社会保険の十分な説明もなく、従業員は不安……など、どうしようもない社長であっても、社長から仕事を請けたからには、社労士は最後までお客様である「社長の味方」でなければならないです。

一方、私のもとには、顧問先の従業員から直接電話がかかってくることも少なくありません。あまりにひどい社長の仕打ち……理不尽な理由での一方的な解雇、明らかな法律違反、パワハラ・セクハラなどを、涙ながらに訴えてくることもあります。

このような場合、経験が浅いと、**社長と従業員、どっちつかずになってしまう**ことが多いのです。私も従業員の味方となってしまい、会社に不利なことまでアドバイスしてしまったことも、過去にはありました。

一所懸命説明をしても通じず、顧問先の従業員に「あなたはそれでも法律家ですか？　法律家なら、どちらが法律違反かわかるでしょう？」「あなたには血も涙もないのですか？」などと、厳しい言葉を浴びせられたこともあります。

もちろん、私は従業員に対して、ひどい言葉を吐くようなことはしません。しかし、従業員の味方になるようなことは一切言いませんので、冷たく感じてしまうのでしょう。

特に解雇問題などは、場合によっては修羅場となります。従業員がどれだけつらいだろう、プライドを傷つけられるだろうと思うとこころが揺れ動きますが、社労士は信念がブレるようではいけないのです。

と言っても、私はずっと、それができませんでした。そのせいで中途半端な仕事しかできず、会社にも、そして従業員にも迷惑をかけてしまっていたと思います。**プロ意識に欠け、腹をくくった仕事**ができずにいたのです。

「お客様の味方」になることが成功への近道

社労士も人間ですから、こころが揺れ動くこと、情に流されることは仕方がないことです。しかし、「**誰の仕事を請け負っているか、誰から報酬をいただいているか**」を自覚しなければなりません。

あるとき、私は「自分のアドバイスがしっくりいかない、どっちつかずの中途半端なアドバイスになっている」ということに気がつきました。社労士自身がそのような立ち位置でいるようでは、お客様のこころに響くアドバイスをできるはずがないのです。

たとえば、営業の仕事に置き換えて考えてみると、営業自身が、「その商品がすばらしい」と思わなければ、口先だけで「この商品はいいですよ」と言っても売れるはずがありません。営業がこころからその商品を気に入っていて、「お客様に絶対使ってほしい！」という思いがあれば、説明が多少ヘタであっても、表情や声のトーンなど全身から説得力が生まれるものです。

社労士は、たとえ従業員にとって冷酷となってしまっても、**お客様である社長のこころに響くアドバイスをして、助けなければいけない**のです。

しかし、社長のためになるのであれば、ときには「こんなことばかりしていたら、会社がダメになりますよ。考え方を変えていかなければいけません」と、遠慮なく厳しい言葉を使うこともあります。同じようなことを何度も繰り返すようでしたら、最終的にはこちらから契約解除を申し出ることもあります。

「味方になる＝甘えさせる」ことでは決してありません。どうしても自分のポリシーに反し、社長の味方になることができないのであれば、その会社の仕事を請けなければいいだけです。中途半端な気持ちで仕事を請けるのは失礼にあたります。

お客様は事業主とは限らず、従業員側というケースもありますが、その場合はもちろんお客様である従業員側の味方になります。とにかく徹底的に**「お客様の味方」になることが、信頼につながり、次の仕事にもつながっていく**会話術の極意なのです。

3章

顧客に選ばれる社労士になる！ 気遣い術

プラスアルファのサービスを心がけよう

お客様の想定以上のことをする

お客様から依頼されたことだけを、最低限解決すれば、お客様は納得するでしょう。しかし、**満足度としては低いはずです**。

頼まれたことだけではなく、プラスアルファのことまで行なうと、お客様は「ここまでしてくれた」と高く評価してくれます。

たしかに短いスパンで考えれば、コスト的にも、労力的にも無駄なことかもしれません。しかし、長期的な目で見た場合、決して損なことではないのです。

お願いをされていなくても、「もしよろしかったら、私のほうでやっておきましょうか？」などと声をかける**気遣いは、成功する社労士になるためのテクニックのひとつ**です。

たとえば、あるお客様から健康保険組合に加入しようか悩んでいる、という相談を電話で受けたとします。ある程度のことをさらっと答えるだけでは、お客様が納得するだけで終わってしまい、△です。

もし、ある程度真剣に健康保険組合の加入を考えているようであれば、ホームページなどでその契約内容を調べてから提案してあげれば、○でしょう。

さらに、ホームページには概要しか書いていませんので、詳細部分を電話などで問い合わせたり、パンフレットを取り寄せたりすれば、お客様の「満足度」は高まり、◎となります。

お客様は電話で質問をしてきただけですから、たしかに必要最低限のことを答えれば、それで仕事としては終わっています。お客様もそれ以上は望んではいないかもしれません。しかし、それでは「1・0倍」の仕事でしかありません。

私の事務所の職員は、私が不在のときに難しい質問の電話があった場合、「○○について質問がありましたが、軽く調べておきました。資料はプリントアウトしてあります。ちなみに役所にも聞いてみましたが、△△と言っていました」というところまで、段取りをしておいてくれます。

質問内容や相手によっては、私の代わりに答えてくれますし、「私の望むこと、必要としていること」を理解して、1・0倍以上の仕事をしてくれます。「○○について質問がありました」と要件を私に伝えるだけであれば、誰でもできる、1・0倍の△の仕事です。

私たち士業の仕事も、依頼されたことをただ行なうだけでなく、相手の想定以上のことをしてあげることが、どれだけ相手に喜ばれ、また相手との距離を縮めることでしょう。プラスアルファのサービスは、計り知れないくらい大きな成果につながります。

1・1倍のプラスアルファでもお客様は喜ぶ

まずは、1・1倍くらいのプラスアルファでいいのです。

たとえば、顧問先から質問を受け、ある書類を作らなければいけない場合、それが会社のほうで作れるものだとしても、「もし難しそうでしたら、こちらで作成しますよ」と声をかけるようにしています。相手は、「やってもらえたら助かるな」と思ってもなかなか言いにくいものなのです。

また、基本的に謄本や住民票などはお客様自身に取ってきていただいていますが、「この社長はなかなか取りに行かないな」とか、「面倒くさがり屋の社長にとっては負担だな」と判断したときには、臨機応変に対応するようにしています。

私や事務所の職員にとっては、収入になる仕事ではありませんので、「単に仕事が増える」「お客様に書類を集めていただければ助かる」という気持ちが少しは出てきてしまいます。それでも、**お客様にサービスができることを喜び**と思わなければいけないのです。

また、質問があったとき、「わからないことを調べる」というのは時間とエネルギーがかかることです。何となく、あいまいな答えをして終わりにしてしまうこともあるかもしれません。しかし、私たちが扱っているのは「法律」という、間違いが許されないものです。「調べる」という仕事は一番大事な仕事と言えるかもしれません。

お客様は、より明確な答えや、詳細な部分も聞きたいと思っているはずです。そのような場合に「念のため、実際はどうなのか、役所に聞いてからご連絡します」などとお答えして、お客様に「助かります。よろしくお願いします」と言っていただければ、ひとつのサービスができたことになります。もし、「いえ、教えていただいたことで十分です」という返事であったとしても、求めていないサービスはお客様にとって必要ないことですから、それはそれでいいわけです。

言われたこと、頼まれたことをその通り（1・0倍）すれば、お客様は納得します。しかし、頼まれたことのたった1・1倍でもプラスアルファの気遣いをするだけで、お客様の満足度とあなたへの信頼はグッと高まることでしょう。

プラスアルファのサービスをしても報酬が上乗せになるわけでもないし、コストを考えたらムダなことかもしれません。しかし、それが「顧客サービス」の本質です。そういう積み重ねは、契約の更新や紹介といった形で必ず戻ってきますので、実はムダでも何でもないことなのです。

ただし、相手が求めていない場合や、報酬単価を上げるため、お客様を引きとめておくためだけのサービスは、**自分本位の考えでしかありません**。

お客様が求めていることに、1・1倍以上のことで返してあげることこそ、選ばれる社労士になるために必要な気遣い術なのです。

電話は2倍、メールは10倍気を遣おう

顔が見えないコミュニケーションこそ慎重になろう

電話で話をしていると、「なんて無愛想な人なのだろう」「この人、怒っているのかな？」と思ってしまう人が時折います。話し方もぶっきらぼうで、要件だけ話してすぐ電話を切ってしまったり、とげのある言い方で質問をしてきたり……。実際会ってみると笑顔が素敵で、とても優しい方なのに、電話ではとてもそうとは思えないような話しぶりの人です。

同じように、メールの文章から、「これってクレームなのかな？」「私のこと嫌いなのかな？」と心配になってしまうような冷たさを感じてしまうこともあります。

実際お会いして話すときは、そのときの表情や雰囲気でお客様の気持ちが読み取れるものですが、相手の表情が見えない電話やメールは、注意しなければなりません。

みなさんも、電話やメールで傷ついたり気にしたりすることは、少なからず経験しているのではないでしょうか。

だからこそ、私は**電話では2倍、メールは10倍**と言っても過言ではないほど、実際に会うとき以上に気を遣っています。

電話ならば、基本ではありますが、明るい声で「相手が目の前にいる」つもりで話し、急いで切ろうとしたりせず、面倒くさがっているような印象を持たれないよう心がけています。喜怒哀楽をはっきりとすることもポイントです。事務所の職員によると、電話に出ている私はかなりオーバーアクションに対応しているそうですが、これは長年の経験から編み出したワザなのです。

電話は、実際の姿が見えなくても、声から相手のこころが透けて見えてしまうものです。電話を切るときに、「ありがとうございました」と、電話の前で深ぶかとお辞儀するくらいオーバーでいいのです。「**本来はこちらからおうかがいすべきところを、わざわざ電話をかけていただいている**」のですから。

お客様は、「忙しいところ申し訳ない」「早く切らないと悪い」という気持ちで電話をかけてくることが少なくありません。だからこそ、「じっくりご相談に乗りますよ。納得いくまで質問してください」という態度でお話しするようにします。

私は、「時間」に対してはシビアです。「書類を書くときは、手を早く動かす！」「早く書いても、遅く書いても、書き上がるものが同じなら、1秒でも早く書いて、後でしっかり確認！」と、手続き書類を書くことに関しては、事務所の職員に厳しくしています。

しかし、電話に関してはまったく逆です。事務所の職員に対しても「お客様が納得するまでじっくりつきあいなさい。自分の仕事がたまっているからって、すぐに切ろうとしてはダメだよ」と指導しています。

そのため、お客様から「長沢さんの事務所の電話はいつも話し中で、役所並みに通じない」と言われ、最近回線を増やしたほどです。

もちろん、前に書かせていただいた通り「早く切ろうとしている、要件だけパッと知りたいお客様」もいますので、それをきちんと察知したうえで対応するようにしています。

お客様の性格や、そのときの声の状態で「急いでいるな」とか「じっくり相談に乗ってほしいのだな」と速攻で読み取るのです。難しそうに感じるかもしれませんが、**いつもお客様のことを理解しようと心がけているかどうか**で、大きく変わるものです。

こころが伝わるメールを書いていますか?

メールに関しては、**長いとか短いとかではなくて、こころが込められているかどうか**です。会話であれば、100人と話せば100通りの話し方になります。メールも同じように、ビジネスだからといって、テンプレートをそのままコピーしたようなメールを送らないようにしています。

格式ばった挨拶を書くとか、季節の前文を入れるとか、そういうことではありません。こころが伝わる部分は、たったひと言でもいいのです。「お客様を訪問する代わり」「お客様と直接お話しする代わり」と思い、その人の顔を思い浮かべながらメールをすれば、そのような部分は必ずにじみ出てくるものです。

たとえば、メールの最後に「先日訪問した際は風邪ぎみのようでしたが、よくなりましたか?」「ご紹介いただいたお店に行ってみました。ボリュームがあっておいしかったです」「赤ちゃん、大きくなられたでしょうね。今度、写真を見せてください」など、いつもお客様のことを気にかけていますよという、ちょっとした気遣いのひと言をプラスするだけでいいのです。

「顔が見えない、表情が見えない」ということは、本当に怖いものです。電話は、声のトーンで相手の様子がまだわかるにしても、メールではまったくうかがえませんから、電話の何倍も気遣いが必要です。

電話もメールも、とても難しいツールだと思います。機械は非常に便利である反面、使い方をひとつ間違えると逆効果になってしまうということを理解したうえで、**こころを込めて、上手に使っていきたい**ものです。

私はメールを打つのも、電話も手紙も、もちろん訪問も、それぞれにかなりの時間を費やします。要領が悪いのではないかと、悩んだこともありました。「時間術」などの書籍やノウハウが溢れている中で、私のようなやり方は時代遅れかもしれません。

効率重視でいかなければならないと考えたこともありましたが、今はこれでいいのだと納得しています。ひとつの仕事、ひとりのお客様に対して丁寧に仕事をしていくのが、私の持ち味なのですから。

お礼は2回にわたって言う

お礼は二度して、初めて完結する

お客様や仲間によくしていただいたそのときに、お礼を言うのは当たり前ですし、誰にでもできることですが、私が徹底しているのは、次に会ったときなどに**もう一度お礼を言う**ということです。

お中元やお歳暮、お祝いをいただくなどしたのであれば、1回目はお礼状を書いたり、電話をするなどして、2回目は次に会ったときにお礼を言うなど、タイミングがつかみやすいと思います。

意識しなければならないのは、ちょっとしたことをしていただいたときです。軽い昼食をいただいたとき、駅まで車で送っていただいたとき、こちらで取るべき書類をわざわざ集めていただいたとき……などは、あまり丁寧にお礼を言うのも大げさです。

そのような場合は、後日お送りする書類があるならば、その中の送付状にお礼を簡単に書いて添えるとか、電話で話す機会があればそのときに「先日はありがとうございました」と、ひと言お礼を言うようにしています。

実際に会ったときは、もう一度直接お礼をして、そこで初めてお礼の「締め」となります。

たとえば、あなたが会社員だったら、前日の飲み会でごちそうしてくれた上司にどのようにお礼をするでしょうか？ 会計時、その場でお礼を言うのはもちろんのことですが、次の日の朝、顔を合わせたときに何も言わなければ、上司はさみしい気持ちになるでしょう。「昨日はごちそうさまでした！」と、たったひと言でもお礼を言えば、上司だってうれしく思うはずです。

お客様との関係ならば、いっそう気を遣わなくてはいけないのは言うまでもありません。

お客様と次に会ったとき、何も言わないと、「うれしいって思ってくれたのかな？」「他のお客様のほうが大事なのかな？」と残念な気持ちを抱かせてしまいます。場合によっては、「礼儀知らずな人」という印象さえ持たれてしまうでしょう。してもらったほうにとってはささいなことでも、してあげた相手というのは結構覚えているものなのです。

また、単にお礼を述べるのではなく、**具体的な感想も付け加えれば、完璧です。**食べ物をいただいたのなら「やわらかくて甘みもあって、すごくおいしかったです」とか、ボールペンをいただいたのなら「書き心地がとてもいいです」など、簡単でいいので、「形だけのお礼」ではないということを印象づけたいものです。

お礼の仕方は周りの人からいくらでも学べる

私は仕事上、人生の先輩と接することも多く、人としての礼儀を教えていただく機会がたくさんあります。

ある会計事務所に「接客のプロ」として有名な女性の方がいるのですが、その方は電話をしたときでも、直接お会いしたときでも、「先日は、〇〇会社の書類を所長までわざわざお送りいただいて、ありがとうございました」「この間いただいたゼリー、すごくおいしかったです。〇〇のお店のものは、やっぱり違いますよね」と、まずは前回のお礼をすることから話がスタートするのです。自分のことだけでなく、事務所を代表して、お礼を言ってくれます。これも、まさしく「お礼は二度にわたって言う」ですね。

また、私がある人生の先輩を参考にして、2回目のお礼としてよく使用しているのが**「一筆箋」と「万年筆」**です。一筆箋は相手にひと言伝えるための小さな便箋ですので、行数も少なく、気軽な気持ちで書けます。万年筆は、ボールペンよりも字に味が出て、自分らしいお礼を書くときに最適だと思います。何か書類を送るときにたったひと言添えるだけで、こころは伝わるものなのです。

ちなみに、手紙にきれいな記念切手を貼るのも、もらった方に喜んでいただけるちょっとしたコツです。

すべてに感謝できるこころは自分の受け止め方次第

最近、こんなことがありました。

お客様から「まだでしょうか？」とご連絡をいただいて初めて、書類を出し忘れていたことに気がつき、真っ青になりました。期限が過ぎても重大な問題になるような書類ではなかったのですが、大きなミスであることには違いありません。深く謝罪をし、大至急手続きを済ませました。

長期間の契約ではなく単発の仕事でしたので、「もちろん、報酬はいただきません。この度は、たいへんご迷惑をおかけいたしました」という直筆の手紙を添えて、書類を返送しました。

後日、その会社から封書が届き、料金を取らなかったこと、そして私の対応ぶりなどについて、こちらが恐縮してしまうほどのお礼が書かれていました。そして、本来いただくはずだった報酬と変わらない金額の商品券が同封してあったのです。

この会社は、いつもこのような感謝の気持ちを持って、自社のお客様や取引先に接しているのだろうと、こころが熱くなりました。

私も、感謝するこころを持ち続けなければなりません。

私を選んでくださった今のお客様、叱ってくださったお客様、難しい仕事を依頼されたお客様、すべてのお客様のおかげで、今の自分があります。たとえ、そのときはたいへんでも、一度経験をするのが一番自分の力になるのです。

嫌なことも、面倒なことも、失敗したことも、**マイナスだと思っていたことが、自分の受け止め方次第で、プラスになる**ということです。

きれいごとばかり……と思われるかもしれませんが、私もこの気持ちになるまでには長くかかりましたし、葛藤もありました。

小さなことで毎日のように質問の電話がかかってきたり、そこまでは社労士の業務ではないと思うようなことまで頼んできたりするお客様に何も言えず、ストレスばかりたまってしまったこともありました。細かいことでお客様から注意をされたときも、口では謝罪しながら、「なぜ、ここまで言われなきゃいけないんだろう。他の社労士に頼めばいいのに」と、こころの中で思っていたこともありました。

役所にバカにされているとしか思えないような対応を受けたときは、「私を誰だと思っているのよ。これでも社労士なのよ」と、えらそうな態度を取っていた時期もありました（役所の多くの方は「若いのにがんばっているね」と応援してくださいましたが）。

当初は、表面はよい人間のような顔をして、こころの中は感謝を忘れた傲慢そのものでした。開業したての頃というより、開業から何年か経ち、仕事に慣れてきた頃が一番ひどかったように思います。


でも、何年も経ってみるとわかるものなのです。あの面倒な質問に答えるために必死に調べたことが、どれだけ今自分の実力となっているか。お客様から悪いところを指摘していただけることが、どれだけありがたいことか。

お客様が不満を抱いた場合の多くは、**差し障りのないことを言われるか、あるいは何も言われずに契約解除となってしまう**のです。きちんと言ってくださるということは、まだ見捨てられていない、期待していただいているという証拠ですから、本当にありがたいことです。

先程の役所の方に対しても、私が傲慢なこころを持っていたからこそ、相手の態度もそのようになってしまったのだと、今なら理解できます。社労士と役所は、お互いに協力し合わなければならない関係であり、当時の私はまだまだ教えを請う段階だったはずです。

すべて、「今だからわかること」です。長く士業という仕事を続け、人並に苦労も重ねて初めて理解できるものなのです。

今はすべてのできごとに感謝のこころを持って、すべてのお客様にお礼を言うようにしながら毎日仕事をしています。**すべてが将来の私のためになる**と思いながら。

訪問だけがすべての時代ではなくなった

訪問しないサービスという選択肢もある

士業と言えば（弁護士など一部の士業は異なりますが）、「顧問先に訪問することが一番大切」という考え方が当たり前でした。

お客様に直接お会いすることで、相手との距離も縮まりますし、会話をする中から相手の気持ちを理解することができ、次の仕事にもつながります。相手の小さな表情ひとつひとつから直接感じ取るものは多く、電話やメールとは比較にならないほどです。

お客様と直接お話することで、「あえて相談するほどでもなかったけど……」ということや、「せっかく来ていただいたついでなので、聞いてみよう」と何気なく話してくださることが、実はとても重要なことだったということも多いのです。

しかし、最近は、「時間を大切にすることの重要性」が叫ばれるようになり、頻繁な訪問を好まないお客様も増えてきました。そのようなお客様の変化にとまどうことがありますが、若い社長が増えてきたことも理由のひとつかもしれません。

社労士のサービスとしては訪問が一番で、次に電話、そしてメールはあまりよくないと思われていました。

しかし、「たいした用事もないのに、訪問されると時間を取られてもったいない」「電話がかかってくると、一度仕事が中断されてしまって効率が悪いので、できる限りメールで要件を伝えてほしい」「口頭だけだと忘れてしまうので、文書でください」「やはり顔を出しに寄ってほしい。会って話して、初めて気がつくことが多い」など、現在は**お客様の価値観も実にさまざま**であることに驚かされます。

営業方法の一長一短を知り、使い分けよう

まめに訪問をすれば、お客様が歓迎してくれるとは限らない、というと意外に思われるかもしれません。

私もお客様の価値観が多様化しているということがわかったとき、「私は今まで、自己満足のサービスをしていたのだな」と反省しました。「ちょっと近くを通ったもので、寄ってみました」という訪問も、歓迎してくれるお客様もいる一方で、迷惑に思うお客様もいたということです。

たしかに自分のことを顧みると、同じことが言えます。私も分刻みで仕事をしているので、1日事務所にいる日であっても、突然の訪問は仕事の予定が狂ってしまいます。

また、電話に関しても、何件も立て続けに電話に出ていたら、前のお客様に「折り返しすぐご連絡します」と言ったことをつい忘れてしまい、次の日に思い出して真っ青になった、などということもありました。

メールは時間も選ばず、文字で残るため、後から見返すこともできてとても便利です。しかし、前にも書いた通り、文章では微妙なニュアンスが伝わりにくく、相手の言いたいことが文字から正確に読み取れない場合が多くあります。最近では、法律が絡む難しい案件や、少し神経質なお客様にメールを送るときは、書いた文章を一度職員に読んで確認をしてもらうほど気をつけています。

でも、私にとってメールの最大のデメリットは「打つのに時間を取られる」ということなのです。文章を考えて打ち込んでいる時間があれば、電話で話が済んでしまいます。待ち合わせ程度のメールなら簡単ですが、私たち士業は扱っている案件の大半がとにかく複雑で、口で説明するのも難しいくらいですから。

訪問も電話もメールもそれぞれ一長一短です。「訪問が最高の方法」「メールはダメ」などという「自分の固定観念」にとらわれることなく、お客様の希望を十分汲み取って、お客様のニーズに応じて対応するべきなのです。

私の事務所に入所した職員に、一番最初に覚えてもらうことは、お客様の名前や住所、そしてその会社の概要や特徴です。「〇〇会社に、入社手続きの件で聞きたいことがあるのですが、電話のほうがいいでしょうか？」「〇〇会社の場合はそういうことは、メールのほうがいいかもしれないね。事務員さん宛てでいいと思うよ。給与に関することが絡む場合は、絶対社長宛てだけど」というような、どのような手段で、誰宛に連絡したらよいかということまで覚えなければいけません。

「先月末で退社した人がいるので、離職票を発行してほしいのですが」と依頼されたら、賃金台帳を見せていただき離職票を作成しなければなりませんが、どのような形式で賃金台帳をいただくのがお互いにとって一番よい方法であるか、ということも頭に入れておきます。

ＦＡＸでいただく場合もあれば、ＰＤＦデータでいただく場合もありますし、直接取りにうかがうこともあります。

そのお客様にとって何が最良の方法かをきちんと把握する、スマートで臨機応変な気遣いは、「顧客のこころをギュッとつかむ」ことにつながるはずです。

こちらにとっては「10分の1」でも、相手にとっては「1分の1」

お客様は自分のことだけを考えてほしがっている

お客様から仕事の依頼をされたとき、こちらにしてみたら、たくさんのお客様の中のひとり、たくさんの仕事のうちのひとつですが、相手からすると決してそうではありません。お客様は自分自身と、こちらの関係以外のことは何も見えていません。

ですから、数時間でできるような仕事だと、2日たっても仕上がってこなければ、「どうしてそんなに遅いんだ」というクレームになってしまうのです。こちらとしてみれば、その仕事だけやっているわけではないので（当然、できる限り迅速に対応するように心がけていますが）無理なことだと思っても、お客様は他の業務の状況を把握しているわけではありません。

私自身も同じような経験をしているので、お客様の気持ちはよくわかります。たとえば、事務所のホームページはある会社に外注しているのですが、担当の方はいつも親切な対応で、さまざまな提案をしてくれます。腕もいいので人気があり、忙しいのはわかっているのですが、何かお願いをしたとき、すぐに対応してくれない場合は、「2～3時間でできることなのに、なぜ1週間かかってもできてこないのだろう」とイライラしてしまうこともあります。

お客様も同様に、「お客は自分だけじゃない」「長沢さんの事務所も今、忙しそうだし……」と頭の中では理解していても、やはりこころではなかなか理解できないものなのです。そのお客様、その仕事がこちらにとっては10分の1、100分の1であるということは事実ですから、仕方のないことかもしれません。でも、**お客様にとって、社労士は1分の1の存在**なのです。ちょっとした対応の仕方でも、お客様を気遣うことができなければ、「自分だけをじっくり見てくれる事務所」に移られてしまいます。

人間の心理とはおもしろいもので、「お客が他にほとんどいないから、じっくり自分のところを見てくれる」状態では、あまりありがたみを感じません。

飲食店を例にすると、どんなに丁寧に自分を扱ってくれたとしても、いつも自分しかお客がいなければ、それが当たり前としか思わなくなってしまうのです。逆に、行列ができている店なのに丁寧な対応をしてくれるということに、お客様は感激するわけです。

同様に、社労士事務所に対しても、「お客はたくさんいるけれど、その中でも自分のことを大切にしてくれている」というのがお客様にとって最高の状態です。

ですから、どんなに忙しくても、お客様を訪問するときは相手に全力投球し、**自分にはこの1件のお客様しかいない**、というつもりで対応するようにしています。

ひとりひとりのお客様を大切にしよう

また、納期はできる限りきちんと伝える、どうしてもすぐに取りかかれない場合や長くなりそうな仕事のときは、こまめに連絡を入れる……という気遣いも必要です。

私たちが真っ暗で何も見えないと不安になってしまうのと同じように、費用はどのくらいかかるのか、今どの程度進んでいるのかがわからないと、お客様は不安になったり、不満に思ったりします。お客様が求めている情報や知識をきちんと捉えて伝えることは、大切なことです。

先日、病院に行ったときに、同じようなことを感じました。実績もあり、人気のある先生なので待つのは仕方のないことですが、あまりに待たされるとイライラしてきてしまいます。でも、いざ自分の番になると、じっくり話を聞いてほしいし、しっかり見てほしいと思うものです。

お客様は、自分だけを見ていてほしいし、自分だけを一番大切にしてほしいと思うものなのです。

私自身も仕事を迅速に回していく努力をしなければいけないのでしょうが、次のお客様に少し待ってもらっても、ひとつひとつの仕事に対して手を抜かず、お客様が満足するまでつきあうような対応をするようにしています。

お客様に好きになってもらうためには、まずお客様のことを好きになろう

自分のことを好きになってくれる人を嫌いになる人はいない

お客様に惚れていただき契約を結び、そして契約後のおつきあいの間も惚れ込んでもらいたい……というのが、お客様との理想的な関係です。

そのために一番必要なことは、「**お客様のことを好きになる**」ということです。

私は、「どういう人が好きか?」と問われれば、「私のことを好きでいてくれる人」と答えます。「自分のことを好きでいてくれる人、大切にしてくれる人」のことを、少なくとも嫌いにはならないでしょう。

つまり、**お客様に好きになってほしければ、まずはこちらから好きになる、というのが確実な方法**なのです。

とは言え、お客様の中には、「いい人なんだけど、苦手なタイプ」の方も正直に言って存在します。私もそういうお客様のところへ訪問するときは、気が重く感じることもあります。

でも、数多い同業者の中から私を選んでくださり、そして私に報酬まで支払って依頼をしてくれたのですから、「苦手意識をなくす」努力はしています。

相手の気持ちをできるだけ汲み取ることができるように、「そっけないけど、誰にでもそうだし、別に私だけではないいんだ」など、その人の長所や持ち味として捉えるようにします。

お客様の意外な面を見つけて、苦手意識をなくそう

苦手意識があっては、せっかくの気遣いやこころを込めた対応も、相手に伝わることはありません。

2章でも述べましたが、あるとき、**ほんの小さなきっかけで苦手意識はなくなる**ものです。

事務所でも「○○社長が、従業員のことをこんな風に言っていて感激しちゃった」「○○会社の事務員の△△さんって、あんなに怖そうなのに、お笑い番組が大好きなんだって」などと、お客様の意外な一面やよいところを見つけて、たくさん話すようにしています。

そのようにして、お客様のことを好きになり、苦手意識を持たないようにしているのです。

また、苦手意識をなくすためには「できる限り会う」ことが一番です。

100回も会えば、苦手意識も薄まりますし、そのうちにお客様の意外な魅力を見つけ出すこともできるでしょう。

いずれにせよ、**お客様はあなたのことを嫌いなわけではない**ということを、もう一度思い出してください。なぜなら、お客様は「お金を支払って、契約してくれた」のですから。

最初に印象が悪かったとしたら、後はよくなるしかありません。恐れる必要はないのです。

4章

10年後にも生き残る社労士になる！　集客術

自分に合う営業法を見つけよう

どんな小さなことでも営業になる

独立・開業当初、私は、「営業」や「マーケティング」が苦手で、ＤＭ、ＦＡＸＤＭ、セミナー開催、飛び込みなど……世間一般でいう営業努力をほとんど行なっていませんでした。本の出版や、執筆、雑誌の取材などに関しても、多くの機会をいただいていますが、私から積極的に働きかけたわけではありません。また、ホームページや、ＰＰＣ広告（ＡｄＷｏｒｄｓやオーバーチュア）のような「ネット系」の営業法については否定的でさえありました。

今は営業やマーケティングが得意な士業も増えてきて、「私にそのような才能があれば、私の事務所も今より何倍も大きかったはずなのに」と思うこともあります。そんなくやしい思いもあって、これまでは「何も営業はしていないのです。運がいいだけで、何となくここまでできました」と言っていました。

しかし、私は、**営業にはいろいろな形がある**ということに気がついたのです。まったく「何もしていない」なんていうことは決してありません。「何もしていない」ということは、家か事務所にじっとこもって、一切行動を起こさないということです。それでは一生お客様ができるはずがありません。私が営業だと思わずにやってきたことは、結果的に、お客様のこころをつかむための営業だったということがわかったのです。

たとえば、開業後に「挨拶状」を出すこと、支部会や同業者、異業種の集まりに参加すること、刺激を受けそうなセミナーに参加すること、年賀状は必ず事務所名義にすること。そして何よりも、当初はほとんどなかった紹介してもらった仕事を、ひとつひとつしっかりこなしていくこと。そんな当たり前の小さなことばかりですが、これもひとつの営業の形だったのです。

社労士も営業テクニックが必要な時代

社労士の数だけ、営業のスタイルがあります。「ホームページによる営業が一番」という人もいれば、「ホームページでは仕事は取れない」という人もいます。「紹介が一番の営業方法である」という人もいれば、「今は紹介に頼って仕事がくる時代ではない」という人もいます。「DMを戦略的にやっていけば、効果的だ」という人もいれば、「DMは所詮センミツ（1000件まいて3件程度しか反応がないということ）だから、意味がない」という人もいます。

すべての営業方法において、このように意見が分かれます。でも、どの意見も間違っていませんし、また正しくもありません。「これは絶対」という営業法などないのです。

よい営業法、すばらしい営業法と言われているものが、自分にとって成果が出る営業法だというわけではありません。自分にぴったり合った営業法が見つかり、それを実行したときに初めて成果が出るのです。

成果が出るまでには、時間がかかることがあります。「本当にこのやり方を続けていいのかな？」と、不安になることもあると思います。最終的には、直感というか、「これだったら続けられそう」「できそう」「いけそう」という手応えを信じてください。

「**いかに自分に合う営業法を見つけるか**」ということは大切なことです。それを見つけるための方法はただひとつ、思い立った方法を、とりあえず一度、経験してみることです。そうすると、「やっぱり私には向かない」と感じるかもしれませんし、「ダメかと思っていたけど、やってみたら結構いけるかもしれない」と、手応えを感じるかもしれません。成果のある、なしを含めて、「自分の信念に合った営業法」「自分の得意な営業法」「自分の長所を活かせる営業法」とはどんなものかが、自然と見つけ出せるようになるでしょう。

失敗しても、いいのです。失敗を繰り返すうちに「自分に合う営業法」が見つかるのです。

今は、**「現状維持でいい」と思っているようでは、お客様も売上も減ってしまう**時代です。お客様を増やすつもりでがんばって、やっと現状維持だというくらい厳しい状況の中、とにかく前に進む営業努力をし続けなければなりません。

実際私も、事務所の経営は安定してきたものの、昨今の資格ブームとともに士業に参入する人たちがどんどん増え、その人たちのレベルの高さを目の当たりにすると、事務所の将来にだんだん焦りを感じてきていることは事実です。

士業も営業なくしてはやっていけないのです。「やらず嫌い」にならず、固定観念にとらわれない柔軟な発想と行動力は、成功する社労士の原動力として、非常に大切な要素と言えます。

私が続けている営業法と、続けなかった営業法

自分に向いている方法を見極めよう

「やらず嫌い」ではいけない、結果が出てから自分の営業法を見極めようと、私はこれまでいろいろなものにチャレンジしてきました。

その結果、試した営業法の半分以上は続けていません。チャレンジしたものの継続しなかった営業法として、具体的には、自主開催のセミナー、ＤＭ、ＦＡＸＤＭ、ＰＰＣ広告などです。とは言え、それで成功をしている人をたくさん知っていますので、営業手法として決して悪い方法ではないはずです。ただ、私のやり方が悪かったたか、もしくは私に向いていなかっただけなのです。

自主開催のセミナーは手間がかかりますので、時間的にもなかなか難しいため、現在では

主催者から講師を頼まれた場合に引き受けるようにしています。

DMは、もう少しターゲットや内容を熟慮しなければならないと反省しています。

FAXDMに関しては、気の弱い私はクレーム（FAXDMには多少のクレームはつきものです）に耐えられませんでしたが、きちんとした対処法を備え、DMの内容を工夫すれば、それなりの結果も期待できるはずです。

PPC広告についても、パソコン操作が私のように弱くなく、研究熱心な人ならとてもよいのではと思います。

もちろん、私がチャレンジした営業法の中で、これは効果的で、私に合っているというものもあります。以下にご紹介しましょう。

●ブログ

私はブログから直接お客様が獲得できるとは思っていませんし、実際、ブログから直接仕事の依頼がきたことは今までほとんどありません。

しかし、**ブログは「この人に依頼しよう」という最終確認的要素が強くなっている**ようです。社労士としての仕事ももちろんのこと、執筆、テレビ、雑誌の取材などで、私を選んだきっかけを聞いてみると、「ホームページなどで私のことを知り、ブログで最終確認して依頼を決定した」ケースが多かったのです。

ブログに関しては、「ここから仕事がくるようにしよう」とか、「できる社労士を演じよう」「社労士の仕事関係のことを書こう」ということに一切こだわっていません。

こだわるのが悪いとは思いませんが、私にとってブログは、**読者に「私の人間らしさ」を理解してもらうことが一番の目的**で書いています。「こんな私ですが、それでよろしければ、喜んでお仕事をお引き受けします」という感じでしょうか。

私のブログ（長沢有紀の「戦い続ける女性社労士」http://roumushi.livedoor.biz/）は、仕事に関する真面目な内容は皆無に等しいのですが、私の親しみやすさはアピールできていると思います。このブログから顧問先はもちろんのこと、本の出版、執筆、テレビ出演、取材などにも間接的に結びついているのです。

●ホームページ

ホームページに関しては、10年以上前から持ってはいたのですが、更新をまったくせず、放置状態になっていました。更新がきちんとされておらず、お客様にとって有益な情報がないようでは、お客様にホームページを閲覧してもらえるはずがありません。ＳＥＯ対策の面などを考えても、更新をまめにしていないサイトは検索にヒットすることが難しくなります。

何より、社労士は法律を扱っている以上、常に改正情報を把握して、ホームページに掲載している法律関連の内容も修正していかなければ、誤った情報をお客様に伝えてしまいます。

更新をしないホームページは、死んだものと同然なのです。

このままではいけないと、現在のホームページにリニューアルしたときは、あえて月額制の「保守契約」を結びました。ホームページが完成した後は、更新依頼をする度に費用を支払うか、自分で更新するかのどちらかのケースが多いようですが、結局更新しなくなってしまうということが起こります。私があえて保守契約を選んだのは、毎月費用が発生するので、「更新をしよう」という気持ちになると考えたからです。

私がホームページ（長沢社会保険労務士事務所　ホームページ http://www.roumushi.jp/）で一番心がけているのは、見ていただく方に安心して依頼してもらうにはどうしたらよいのかということです。そのために、**「できる限り私個人や事務所のことをオープンにする」「ヘタでも『自分の言葉』で書き、きちんと自分の思いが伝わるようにする」**ということに最大限の気を配っています。

SEO対策も含め、よほどホームページに全力を注がない限り、仕事が次から次にくるとは思いません。それでも、私がホームページに力を入れ始めてから、ホームページ経由で仕事が少しずつ入ってきたのは事実ですし、想像以上の手応えを感じ始めています。

ホームページは、現在では「名刺代わり」となります。ですから、仕事を依頼しようとするときなど、相手は必ずホームページで確認してきます。ですから、仕事にどこまで直接結びつくかは別としても、ホームページは士業にとっても必須の営業ツールであることに違いありません。

●メールマガジン

メルマガ（戦う女性社労士の「愛と情熱の人事コンサルティング」http://www.mag2.com/m/0000175415.html）は、ブログの少し後に始めて、発行から4年半が経ちました。

ブログはプライベート等の軽い内容、メルマガは仕事の話題、と線引きをしようと始めたのですが、始めた当初は、ブログに慣れてしまい、メルマガのネタがなかなか見つからず、書き上げるまでに時間がかかってしまうなど苦労しました（メルマガから始めた人は、逆にブログが書きにくいそうです）。そのため、1カ月に一度程度しか発行することができなかったのです。

しかし、あるとき、「私のブログを見てね！」と約束していた仲のいい友人が、ブログを見ていなかったということがありました。

そのときは「なぜ？」と不満に思ったのですが、友人の「ブログって、わざわざ見に行くのが面倒なんだよね」という言葉にハッとしました。

ブログは、読者に見にきてもらわなければ読んでもらえない受け身の媒体ですが、一方、メルマガは、**こちらからお客様に主導的に発信することができ**、なおかつお客様が好きなときに、負担なく読めるという大きな違いがあることに気がついたのです（ただし、メルマガは「登録してもらわなければ始まらない」という大きな問題がありますが）。

それ以来、ブログとは異なるメルマガの特長を知り、週1回のペースで発行するようになりました。今はメルマガを書くのにも慣れ、楽しく取り組んでいます。こちらがそのような気持ちで書くと、読者の方にも伝わるようで、最近は反響も大きく読者数も増えています。

セミナー依頼や、セミナーの集客等には、すぐに効果が出始めました。本業に結びつくのはまだまだこれからですが、手応えは感じています。

メルマガから仕事を受注している士業の方を何人か知っていますが、その成功の秘訣は、①長期間、コツコツと継続している、②メルマガに真剣に取り組んでいる、③一般の人にも簡単でわかりやすい文章で書いてある、④その結果、読者数も多いという点が全員に共通しています。どんなことでも、一夜にして簡単に結果など出ないものです。

●ニュースレター

既存のお客様のためのニュースレターも始めました。このニュースレターは、私にとっては「守りの営業」に力を入れようと思った大きな転機でした。

このように言うと、ニュースレターは消極的な営業法なのかと思われるかもしれませんが、そんなことはありません。**守りの営業は、攻めの営業の何倍も大切で強いもの**だと感じています。

事務所が大きくなってくれば、どうしても代表である私がお客様とお会いする機会も少なくなり、距離感が出てきてしまいます。既存のお客様との距離を縮めるのに有効なのが、ニュースレターなのです。さらに、事務所自体や職員に親しみを感じてもらったり、法改正などをリアルタイムでお客様に伝えることができるメリットもあります。

現在、新しい顧問先を獲得するのは非常に困難な時代です。やっと新規の顧問先を1件獲得しても、1件の顧問先の解除があるようでは、意味がありません。

実は、ニュースレターに関しては、『売れる&儲かる！ ニュースレター販促術』（米満和彦・高田靖久著、同文舘出版）という1冊を読み、ぜひチャレンジしたいと思っていましたが、当時は仕事が順調でそこまで手が回らず、先延ばしになっていました。しかし、昨年からの不景気で顧問先の倒産も続いたとき、ニュースレターの存在を思い出したのです。

（1） 2009年 9月 長沢社会保険労務士事務所 コミュニケーション通信 Vol.4

長沢社会保険労務士事務所

コミュニケーション通信

(TEL) 04-2951-8255
(FAX) 04-2951-8266

～ Vol.4 ～

夏の終わりに
年度半ばのたそがれ号

前回の発行から4か月、事務所は本当にバタバタしていました。

その理由は…働保険の申告…険の算定基礎…日へと変更に…（7月10日、…7月末まで）…ったからです。

前もって少…ってきたつも…日終電を気に…をする日々で…クの空き瓶が…っていました。

そんな状態…にも大変ご協…無事手続きを…できました。

数か月振り…遊びたい…と…相変わらず仕…に（涙）

でも最近は…とのできなか…ジムへも通っ…

…力づくりと健康管理をよりよい仕事につなげていきたいと思います。お困り事ご…

…からのお知らせ

…変更について ～
…日により異なります）
…会保険料の等級変更
…わります。健康保険
…地域ごとの保険料率
…年金保険料率は上がり
….704％ 労使折半）
…送りしております、
…をご覧ください。

…納付について ～
…納されている会社様
…1月2日(月)となり
…へ送付されますので、
…。

2009年 9月 長沢社会保険労務士事務所 コミュニケーション通信 Vol.4 （2）

～執筆・講演・取材のお仕事～

執筆、講演や取材の仕事が多くなっています。

夏には、食肉・ハム・ソーセージの最大手、Nハムで労働基準法改正セミナーを行いました。全国の関連会社を集めた会議の中で、100人以上の『男性』に囲まれてご機嫌を良くしていました。

また、先日は経済誌プレジデントの取材があり、9月26日号にその記事が掲載されます。ここでも『愛』についての話に脱線してしまったり、「写真は若く見えるように撮ってください。修正で直してください」とワガママばかり言っている長沢でした！

みんなの夏休み紹介

●長沢の夏休み

子供がたくさんになり、最近では近場の一泊旅行ぐらいしかできませんでしたが、今年は小3の長男を6泊7日、年中の双子を3泊4日のキャンプに参加させて、子供の面倒を見なくていい時間ができたので、少し遠出をして北海道（定山渓、函館、富良野）に行ってきました。

二人だけの旅行は、約8年ぶりで、何を話していいかわからず、移動中は寝てばかり、そして食べまくり…という感じでした。でも、たまには二人でゆっくりというのもいいですね。毎年恒例にしようかなと思っています。2キロも太って帰ってきてしまい、現在ダイエット中です（涙）

●肱黒の夏休み

我が家の夏休みは、中3の娘と高3の息子、それぞれが受験生という事で、旅行どころではありませんでした。と言っても、もう一緒に旅行に行ってくれる歳ではなく、家族揃って旅行に出かけたのは、随分前になってしまいました。子供たちが小さかった頃が、懐かしいなと思います。（そのうち孫と一緒に旅行かも…？）

●吉若の夏休み

今回もやっぱり北海道へひとっ飛びしてきました。（長沢とは時期をずらしてますが…笑）今年はゴールデンウィークから北海道にバイクを置きっぱなしにしていたので、定番の富良野の旅人宿を起点にして見どころ(丘とか)走りどころ(峠とか)食べどころ(ウニとか)を押さえつつ、帰りはフェリーでバイクを引き揚げてきました。

今夏の北海道は降水量2割増、日照時間3割減、とすっきりしない天気でしたが、それでもバイクでのツーリングは気持ちがいいものです。

長沢の主観で 職員紹介

…業信用金庫勤務から、一念発起！社労士を志して転職というい度胸をしている関田君。身長181㎝のイケメンです。（入所して4か月経ち、かなり実力もついてきたのでご紹介させていただきます）

弱冠25歳、性格はとにかく素直で私がカミナリを落としても素直に(笑)聞きます。

週末には社労士の資格学校に通い勉強中です。若いだけあって一度教えれば全部覚えてしまうので、がんばらないとそのうち私も追いつかれそうな勢いです。

サッカーが趣味で、小学校3年生から始めて、現在も休日には社会人チームでプレーをしているスポーツマンです。

お電話やご訪問させていただくこともあるかと思います。まだまだ未熟な面もありますが、ご指導よろしくお願いいたします。

編集後記（吉若）

恒例の？編集後記です。

夏休みが終わったら今度は9月の大型連休で、夏よりも遠出をする人が増えるとか増えないとか…。私は北海道で過ごしていそうですが(笑)

今年の北海道ツーリングは
◆5月(GW)花見ツーリング
◆6月(土日)山盛りアスパラツーリング＆なぜか自衛隊のお祭りで本物の戦車に搭乗
◆8月(お盆)生うに＆温泉ツーリングからフェリーで仙台まで戻り、牛タンを食べた後(大渋滞の中)東京まで自走

こんなにお手軽に北海道ツーリングをしてしまいました。（やりすぎました？）

桜・丘・アスパラ・うに

「長沢社会保険労務士事務所　コミュニケーション通信」

ニュースレターでは、私や職員の人柄、事務所の様子を理解していただくことを一番の目的として、読みやすく簡単な内容にしています。ニュースレターの内容から会話が弾むこともあり、お客様との距離が縮まったような気がします。いくつかの契約先で、私の事務所のニュースレターをファイリングして取っておいていただいているのを見て、感激しました。

また、事務所全体でニュースレターの内容を話し合うことにより、事務所内の団結もできたという副産物までありました。

どんな営業法でも言えることですが、**「始めること」以上に「続けること」が何よりも大切で、忘れた頃に成果が表われる**と思っています。そのため、無理のない頻度（年に4～5回）の発行にしています。

ニュースレターの発行を始めて、「守り」の大切さを強く感じるだけでなく、「守り」は「攻め」にもつながるということも感じました。

●ツイッター

ツイッターとは、ブログやSNSと、チャットの中間のようなものです。140文字以内で「つぶやき」を投稿し、それを見たユーザーが反応することで、ゆるやかなコミュニケーションを取ることができます。

私は、まだ始めてひと月ほどですが（http://twitter.com/nagasawayuki/）、フォローをしてくださる方も増え、人脈も広がり、さまざまな情報も入ってきます。

ただ、士業の仕事に直接結びつくかと言えば、まだ疑問が残りますし、簡単にはいかないというのが実際でしょう。また、はまりすぎると「大切な時間が取られてしまう」ということには、何よりも気をつけなければいけません。

ツイッターに限らず、ブログにもメルマガにも言えることですが、向き不向き、センスなどが大きく影響してくると思います。その営業法が自分に合っているか、またそれがお客様のためになっているかなどを、**きちんと見極めることが必要**です。

発想と行動力が成功の原動力

どんな営業方法も成果が出るのは、100分の1ほどの確率でしかないかもしれません。1000分の1と言っても大げさではないかもしれません。それほど営業努力をしても**「仕事ひとつを手に入れること」「お客様を獲得すること」は難しい**ものです。

ましてや、何もせず、紹介がくるのをじっと待っているようでは、仕事を獲得することはほぼ不可能なのです。

私もたくさんの失敗を繰り返してきましたし、チャレンジしても継続しなかったものもあります。今続けている営業法も、仕事にどのように結びついているかは、少しずつ成果を感じ始めている程度で、まだそれをうまく利用しているとは言えません。

でも、それでいいと思うのです。「やってみたうえで自分が判断」したのですから。今はそうやって、**少しでも前向きに行動している間は、必ず芽が出る（仕事に結びつく）**ということを実感しています。

これからも同じサービスを続けていけるか？

サービスは、始めることよりやめることのほうが難しい

「お客様にこんなサービスも提供しよう」と思うことは、とてもいいことです。でも、ちょっとだけ立ち止まって考えてほしいのです。

サービスというのは、始めることは簡単ですが、やめることはとても難しいものです。ですから、私は何かを始めるときには、「このサービスを、この先も無理なく、ずっと続けていくことができるか」ということをじっくり考えます。

「士業」という仕事は、あらゆる仕事の中で、最も「無責任なこと」をしてはいけない業種のひとつだと思っています。「信用」がすべての仕事ですから、一度口にしたことはやり遂げなければなりません。

たとえば、大盛りをウリにした飲食店があったとします。しかし、原価的にキツくなった

からといって、量を減らしてしまったりしたら、お客様はどう思うでしょうか？
サービスを下げることは、大きなイメージダウンにつながります。サービスを上げることは簡単にできても、下げることは致命傷となってしまうのです。

私の知り合いの社労士が、「離職票や保険証は即日、少なくても翌日発行」というサービスを行なっていました。たしかに、お客様の立場からしたら、最高のサービスだと思いますし、事務所のウリにもなります。

私も「ぜひやってみよう！」と思いました。しかし、冷静に考えてみると、離職票や保険証を即日発行するということは、「依頼を受けたら、すぐに役所に手続きに行き、お客様に届けに行く」ということを意味します。

開業当初は、そんなに忙しくもなかったので、決して不可能なことではありませんでした。しかし、現在１００社あまりのお客様を抱え、またお客様の所在地も各地に散らばっている中、「即日サービス」を継続的に行なうためには、それ専門の職員がひとりいても足りないような状況です。

そのサービスを現実化するのであれば、今の顧問料を値上げするしかなかったと思いますので、**結局はお客様のためにはなりません**。あのとき、軽はずみなことをしなくてよかったと感じています（結局、私の事務所では、「離職票の発行は原則郵送で手続きを行なう。ただし、必ず依頼を受けたその日に書類を書き、手続きに回す。仕事的に最優先」「例外として、どうしてもすぐに離職票を発行しなければいけないときは、迷わず役所に行く」というルールを決めました）。

続けることにこそ意味がある

また、「お客様のところに訪問する」ということも、とても大切なことです。しかし、「お客様が増え続けたとき、同じ頻度で訪問できるのかどうか」を、しっかり考えていかなければなりません。

お客様が増えてくると、毎月1回の訪問さえ、負担になるものです。それを続けていくのであれば、地元中心にお客様を増やす、量より質の仕事（単価がそれなりの仕事）を中心にするなど、営業方法や業務内容をよほど考えなければ、採算は合わないと思います。

私の場合、**会社のニーズに応じて、「仕分け」をしています**。

毎月の訪問を希望する会社は、料金が高くなりますがそのように対応しますし、逆に毎月来てもらうほどではないというお客様は、それなりの金額で対応しています。開業したてのときは、時間に余裕もありますので、過剰なサービスをしてしまいがちです。しかし、お客様が増えたときなど、先のことまでしっかり見据えながらサービスを提供していく必要があります。

なお、私が「訪問」についてひとつだけ気をつけていることは、「必要とされるとき、何かあったときは喜んですぐにおうかがいする」ということです。

「どのようなことを要望されているのか」は言葉でお聞きするのが一番ですが、お客様も遠慮があり、なかなか口に出してはもらえません。その場合は、**相手のこころをしっかり読み取る**ことが大切です。

「もっと来てほしい」と目が訴えていることもありますし、態度や言葉の端々から感じ取らなければいけません。

たとえば、電話でこちらが「じゃあ今日、郵送でお送りしますね」と言ったとき、一瞬だけ間があいたときなどは、「最近会っていないから、直接持ってきてくれるとうれしいな」「たいしたことではないけど、従業員のことでちょっと相談したいことがあるんだよな」という合図かもしれません。

また、前項に書いた「ニュースレターの発行」も、開始当時は張り切っていたので、毎月発行しようと思いました。しかし、同じレベルのものを1カ月に1回作成し続けることは、業務的に影響が出てきてしまいますし、事務所の職員にとってもプレッシャーになってしまいます。そうしたら、お客様のために作成しているものが、「本末転倒」になってしまうことになりかねません。

もう少し簡単なものにして、毎月発行するという考え方もありましたが、「毎月」ということに対して自信が持てなかったので、現在のような発行形式になりました。

どんなことでも「続けること」に意味があると思うのです。続けなければ成果も出ません。でも、長く続けることほど、たいへんなこと、忍耐のいることはありません。私は、現在の社労士の仕事も含め、「コツコツ続ける」ことを一番大事なこととして生きてきました。

途中で中断したこともいろいろありますが、**自分にとって、そしてお客様にとっていいと思えることだけ**を、大切に続けていければそれでいいのだと考えています。

士業は「情報量」が勝負

同業者の仲間こそ大事にしよう

誰でも、少しでも仕事やお客様を増やしたいものです。士業において、お客様や仕事を獲得するために一番確実なやり方は「紹介」であり、その主な紹介者は「他士業」です。最近は、紹介に頼らず、インターネットを使って集客するなどいろいろな方法がありますが、「紹介」が今でも効果的であることは確かです。

開業して間もなく、かつ顧客獲得に熱心な人は、他士業ばかりと接点を持つことに必死で、その反面、同業者との関係には見向きもしない、という人を多く見受けます。

しかし、本当は**同業者の仲間こそ最も大切にしなければならないのです**。

開業をしてすぐに順調に仕事が入ってくるということは、皆無に等しいでしょう。誰でも、悩む時期が必ずあります。

また、仕事が順調にいくようになっても、そのときはそのときで別の悩みが出てくるものです。そのような場合に、自分の気持ちをよく理解してくれるのが、同業者です。

法律家である社労士には、役所にはとても相談できないような困りごとや、白黒の判断があいまいでグレーゾーンの問題がたくさんあります。また、法律の条文通りでは済まない、一筋縄ではいかないことが、次から次へと襲ってきます。

そんなとき、助けてくれるのが同業者なのです。

ただし、数回会っただけの浅いつきあいの人は、役所程度の無難な答えしかしてくれないでしょう。誰でも（特に同業者であれば）、用心する気持ちがあるのは当然のことです。

しかし、何度も交流会などで語り合い、打ち解けた仲間なら、親身になって相談にのってくれますし、「あまり大きな声では言えないけれど……」と裏話を教えてくれることもあるでしょう。そのような情報は、私たち士業の仕事において、欠かすことができない重要なものです。士業は、**「情報量」が勝負の仕事**なのです。

私も、同じような経験年数、年代の同業者と定期的に飲み会を催しています（実は、私は一滴もお酒を飲めないのですが……）。仕事上の悩みや、最近の業界の動向、プライベートのことまで、さまざまなことを語り合います。毎回、私もがんばろう！　とモチベーションが上がりますし、何より元気をもらうことができます。切磋琢磨し合う仲間とのひとときは、私にとってとても大切なものです。

他士業からも学ぶことが多い

もちろん、他士業の人から刺激をいただき、多くのことを学ばせてもらうこともたくさんあります。

ただ、私は他士業の方とのつきあいに関して、ひとつだけ自分の中でルールを決めています。それは**「仕事を回してくれる人」という気持ちを一切持たない**ということです。

たしかに、集客につながる「紹介」は、社労士にとって重要な営業法のひとつです。しかし、そのような甘えた気持ちで接したら、よい関係を長く続けることは不可能ですし、相手に対して失礼だと考えているからです。

とは言え、当然、期待していることもあります。それは、「専門分野以外でわからないことがあったら、教えてもらえる」「お客様から紹介してほしいと言われたとき、よい先生をご紹介できる」ということです。また、同業者と同様に、「私に刺激と元気を与えてくれる」ということも大きなメリットです。

他士業の方でも後輩の同業者でも、私が力になれることがあればどんどん聞いてきてほしいと考えています。

「うちのお客様にちょっと相談されたのですが、わからないので教えてもらえる？」と、電話で軽く相談してきていただけるような他士業の方との関係は、何にも代え難い大切なものなのです。

顧問料を下げる勇気を持つことも大事

顧問料は契約当初のまま、ということが多い

社労士にとって、会社員の給与と同じように毎月定期的に入ってくるのが、「顧問料」です。「単発契約」がメインの士業も多い中、社労士は「顧問契約」がメインの仕事です。顧問料をもらえる「顧問契約」は、事務所経営にとってたいへんありがたいものです。

私が社労士として目指しているのは、「安定」です。その**安定をもたらしてくれるのが顧問料**なのです。

しかし、これまでお話した通り、顧問契約を結ぶことに対してお客様がたいへん慎重になっている時代です。できれば〝その都度〟、つまり単発契約を好むお客様が増えてきました。

社労士が引き受ける仕事の中で、顧問契約は、単発契約の仕事を獲得する何倍も何十倍も

難しいものなのです。

顧問料については、何かのきっかけ（大幅な従業員の増加、給与計算など新たな仕事の追加）がなければ、なかなか上げてほしいとは言いにくいものです。

何年も契約当初の顧問料のままというケースが多く、安い金額で受託してしまい、後悔することも少なくありません。

私も開業をして間もない頃に、消極的な金額を提示してしまい、10年以上も釈然としない気持ちで仕事をしている顧問先もあります。

そのため、「**報酬は安売りをせず、自分が納得できる金額を提示しましょう**」というのは、よく聞く話です。たしかに、私もそのように思います。

しかし、この厳しい時代に顧問料を上げてくれとは、なかなか言えません。

「おたくの会社は、会社都合による解雇で退職者がしょっちゅういて、離職票の発行も多くてたいへんですから、顧問料を上げてください」なんて言ったら、うちの事務所まで「会社都合による契約解除」になってしまいそうです。

「顧問料を下げる」ことも営業術のひとつ

逆に、私が最近、大切だと感じるのは「**顧問料を下げる勇気**」なのです。

「安い金額で契約してしまった」と後悔することがあるのと同じくらい、「高い金額を提示してしまったが、思ったより手間がかからなかった」ということがあります。結果的に仕事量とぴったり合致する金額だったのは、これまでの契約の半分程度と言えるかもしれません。

従業員数だけでは実際の仕事量は測れませんが、初めておつきあいする会社は、どうしても従業員数を参考に顧問料を考え、提示するしか方法がありません。

しかし実際は、大きい会社ほど、安定していて入退社手続きが少なく、問題も起きないので相談も少ない、というケースが多いのです。手続きに関しても、こちらから指示しなくても、きちんと書類を揃えていただけることがほとんどで、仕事が非常にスムーズに進みます。

一方、従業員数も少ない、小規模の会社だから、そんなにたいした手間がかからないだろうと思って契約したものの、実際手続きを始めてみると、多くの問題が発生し、毎日のように電話がかかってきたりすることもあります。入退社があまりに激しい、書類もきちんと揃わず手続きもたいへん……と、「こんなはずじゃなかった」と思ってしまうような会社もあります。

それ相応の仕事をすればいいとは言っても、その会社に対して仕事がないという時期もあります（無理やり仕事を作るのは、良心的ではありません）。また、当初は大きかった会社が、この不景気で大幅に事業を縮小したということも、最近ではよくあることです。

想像していたより手間がかからず、結果として高い顧問料で契約を結んでしまった……という場合、良心的な士業であれば「ラッキー」なんて思わないでしょう。罪悪感すら抱いてしまうかもしれません。

そのような場合は、**「顧問料を下げる」という選択肢もある**と、私は考えています。たしかに、やっとの思いで決めた顧問契約であり、報酬ですから、自ら下げてしまうのはもったいないことです。私も、そのようなこころの余裕は最近までありませんでした。

でも、私は「**妥当な顧問料**」をいただきたいのです。ですから、「この金額では高すぎるな」と判断した場合は、こちらから申し出て、顧問料を下げてもらうようにしています。

あるいは、ほとんど仕事がない場合などは、顧問料を下げることだけではなく、単発契約に変更を申し出ることもあります。

「顧問料を下げましょう」などと提案すると、どの会社の社長も、一瞬目が点になります。

たしかに、自分から「値下げ」を申し出る社労士は、なかなかいないでしょう。しかし、「顧問料の値下げ」によって、「気を遣っていただき、ありがとうございます」とみなさんに感謝され、より信頼関係が深まったという成果が出てきているのです。

お客様と長くつきあうためには、お互い無理をしない関係を保つことが大事です。

私は、顧問契約の大切さを身にしみて理解しています。そのため、お客様に「妥当性」を提供することで、**契約を解除されないように先手を打っている**のです。

常に良心的な仕事をしたいと思う誠実さも、10年後もお客様に求められる社労士になるための営業術のひとつです。

全員の方向性が一致した事務所作りをしよう

事務所の思いを共有するのがポイント

私が最初に職員を採用しようと思ったとき、一番気をつけたのは、「お客様は、私を選んでくれたのだ。だから、**私のカラーに合う人を採用したい**」ということでした。

お客様が私を選んでくれたのは、仕事はそんなバリバリできるタイプではなさそうだけど、いつも一生懸命で、元気で明るく、さわやかだから……という風に想像をして、同じような長所を持っている人を探すことに決めたのです。

そのときは、私にとって初めての採用でした。私の片腕となる人材が欲しかったので、お願いした人材登録会社には、要件に「さわやかでイケメンの人」とまで書いたほどのこだわりようでした。

そして、採用したのは、大学新卒の男性でした。「さわやかでイケメン」と書いてある募集に応募してきたのもすごいと思いましたが、社労士の資格は持っていたものの、実務経験どころか、社会人経験さえない圧倒的に不利な状態でした。しかし、「絶対にこの仕事に就きたい」という熱意がとても伝わってきて、彼を一から育ててみたいと思い、採用したのです（ちなみに身長も高く、かなりのイケメンでした）。

平均年齢60歳と言われる社労士業界において、お客様から「若い男性」が受け入れられるまでに時間がかかりました。私が開業をした当初に経験した「軽く見られる」「バカにされる」「相手にされない」といったつらい経験を、私の何倍も経験することとなり、歯を食いしばってこらえている彼を、私は叱咤激励し続けました。

結局、その彼は6年間、私の片腕として働いてくれました。年々、頼もしくなり、最後は私を追い越すまでになっていたと思います（でも、病気が原因で、大好きだと言っていたこの仕事を辞めざるを得ませんでした）。

先行投資のつもりで正社員を雇ってみたものの、彼が来てくれてから、一気に事務所のお客様が増えていきました。それが今の事務所経営につながっています。

その理由を考えてみると、2人だけの事務所で、「私の仕事の考え方」「私の価値観」「お客様に対する思いや接し方」などを常に話していたため、私の考え方がしっかり伝わったのだと思います。

たとえば、「お客様のためにならないことはしたくない」「お客様の話をじっくり聞いて、何を望んでいるのかをキャッチする」「手続き関係でお客様の手をできる限り煩わせない」などの**社労士業務の心がけから、お客様への答え方、電話応対の仕方などに至るまで**、私と「うりふたつ」だとお客様によく言われたものでした。それほど、私から多くのことを盗み、そして私のカラーを肌身で覚えてくれたのです。「長沢事務所」の職員として、私の社労士業務への思いを共有してくれました。そして、これこそが、事務所のお客様が一気に増えた理由でした。

それぞれの長所を融合して、よりよい事務所作りをする

その後、職員が1人増え、2人増え、今は事務所には4人の職員が働いてくれています。その4人が全員、私とそっくりの考え方・タイプかというと、実はそんなことはありません。みんな性格がバラバラの個性派揃いで、私とは違うタイプばかりです。

でも、年月が経つとともに、「それでいいのだ」と思い始めました。1人か2人程度なら私と同じ考え方やイメージの人で揃えるのもよいと思いますが、それ以上であれば、現実的

に無理なことです。

何より、いろいろな個性や考え方がぶつかり合ってこそ、みんなが成長できると思います。みんな、それぞれ長所を持ち合わせています。それらを融合して、**事務所の強み**にしていくべきなのです。


ただし、「**所長の考え方についていけない、あるいは賛同できない職員は、その事務所にいるべきではない**」と私は考えています。

それは、お客様のためにもならない、その事務所のためにならない、所長のためにならない、職員のためにもならないことなのです。

それは、私に対して〝イエスマン〟になれと言っているのでは、決してありません。私は、職員に「どんどん意見を言ってね」と伝えています。熱い討論になることも、しばしばです。事務所のため、仕事のため、お客様のためになることは、どんどん意見を出してほしいのです。

私に対しての厳しい意見でもかまいません。そのような中で、いろいろな気づきをもらい、私も事務所も、少しずつ進化しているのです。

事務所の理念だけは守り抜こう

ただし、たとえば「営利主義に走らない」など、私の社労士としての信念や理念といった揺るぎない根本的な部分を共有してもらわなければ、「長沢社会保険労務士事務所」の職員として仕事を任せることはできません。

私の顧問先に、経営方針がしっかりしていて、社員教育も熱心で、お客様サービスを追及しているサービス業の会社があります。社長が非常に熱心で、朝礼や会議などを数多く重ねていましたが、社長の熱心さについていけない従業員も多く、従業員の入れ替わりが激しい時期もあったようです。

しかし、数年経った現在、退社者はほとんどいなくなりました。しかも、優秀で、人間的にもすばらしい従業員が集まり、会社全体もまとまってきて、業績が上向きになっていったのです。

その社長が、このように言っていました。

「自分が叩き上げでここまできた人間なので、最初は『なんでこれしかできないのだ』『なぜ、私の考え方がわかってもらえないのだ』といつもイライラしていたんだ。

でも、あるときから、自分の考えや理想を、機会ある度に話したり、対話を重ねたりするようにした。そうしたら、自然に会社の方向性と従業員の思いが一致してきて、会社の雰囲気も、業績もよくなったんだよね。

それでも、言うことを聞いてくれない従業員、考え方がどうしても違う従業員がいるのは仕方のないことだと思う。でも、不思議なことに、そういう従業員は会社にいづらくなるようで、自然と去っていくんだよね」

士業の事務所には、トップに立つ所長の「理念」というものが必ずあります。その**理念が、事務所のカラーとなる**のです。お客様は、その事務所の考え方に賛同して、仕事を依頼するわけです。ですから、それだけは大切に守り続けなければなりません。

よく後輩の社労士に、「初めて職員を雇おうと思うのだけれど……」と、不安そうに相談されることがあります。そのようなとき、私がアドバイスするのは、「10年後にもお客様に選んでもらうために、**『全員の方向性が一致した事務所作り』**をしっかりしていくことが何よりも大切」だということです。

5章

「自分らしさ」を活かす！営業術

自分の信念を営業に活かそう

お客様の好みは百人百色

1章でも説明した通り、社労士が「供給過多」であるのは明らかですし、社労士より難関である他士業においても飽和状態だと言えます。

そのような中で、これからますます「儲かる人と儲からない人の差が開く」、つまり、「**お客様に選ばれる人と選ばれない人の差が開く**」と思っています。

顧客が士業を選ぶポイントは、いろいろあると思います。「料金」「経験年数」「事務所の規模」「場所」「性別、年齢」などいろいろな要素があり、そのすべてを総合的に判断して、決定されるのです。

しかし、特殊な案件の弁護士でもない限り、それなりの実力がある人であれば、お客様が士業を選ぶ最大のポイントは、「人柄や相性」だと思います。特に単発の仕事ではなく、中長期的なおつきあいとなる「顧問契約」の場合は、なおさらのことです。

「自分は社交的でもないし、愛想もよくないからお客様に選ばれないよなぁ。長くつきあってもらえば、自分のよさはわかってもらえるはずなのに……」

「年も取っているし、テキパキしてなくてのんびりしたタイプだから、若いライバルには勝てるわけがない」

「若さはメリットだと言うけど、痩せているし童顔だし、重みというものがまったくない。頼りがいがないように見られてしまう」

そのように、自分のタイプのことで悩んでいる人は多いと思います。**こんな性格でなければ、もっとお客様が増えるのに！**と。

しかし、異性の好みのタイプも人それぞれ違うように、お客様が選ぶ士業のタイプもそれぞれ違うのです。どんなに美男・美女であっても、万人に好まれるわけではありません。愛嬌のある人とか、ちょっとだらしないところがかわいい！と思う人もいて、人の好みはさまざまです。

ですから、士業はこうあるべきだというイメージだけで、無理に「仕事ができる先生風」を演じる必要はないのです。

自分の実力以上に見せようとする人は、意外に少なくありません。しかし、まずは自分自身をしっかり見つめ直し、**自分にしかないセールス・ポイント**はどこかということをしっかり考えてほしいのです。

"自分のよさ"を理解してくれるお客様は必ずいる

私自身のことで言えば、「冷静沈着なタイプがいい」「女性の社労士は嫌だ」という好みのお客様であれば、どうがんばっても私は選ばれないでしょう（詳しくは、拙著『女性社労士年収2000万円をめざす』をご覧ください）。

私もいろいろと悩んだ時期がありましたが、今は**「短所を長所に変える」ということができるようになりました。そして、それが私の最大の成功の秘訣**です。

私は決して仕事ができるタイプではありません。そそっかしいし、話もヘタで、営業も苦手です。だけど、いつも一所懸命で、素直であることには自信があります。また、お客様のためにならないことは、絶対に勧めたりしません。お客様は、そうした私の態度から「誠実さ」を感じ取ってくださるのか、「長沢さんが言うことなら信じるよ」「長沢さんなら何でも質問できるから、頼りにしている」という言葉をいただくことがあります。

また、私は、基本的には「お客様は神様」という考え方を持っている反面、「自分を本当に必要としてくれるお客様の仕事を受けたい。どの社労士でもいいやとか、料金が安いからということだけで選ばれたくはない」と考えています。

「一所懸命相手のために努力をして、それでも私や私の事務所を必要としなくなれば、お客様が1社減ってもかまわない。お客様の気持ちが冷めてまでつきあってもらうほど惨めなことはない」という信念からきたものです。

私は、**顧客獲得のために、自分のよさや信念を捨てる必要はない**と思っています。

あなたがもし、内気な性格や、キャリアのなさで悩んでいても大丈夫。それは立派な「長所」なのです。

頼もしい先生がいいとか、それよりおっとりしていて話しやすいほうがいいとか。明るくて楽しいタイプの人がいいとか、それよりクールな人のほうがいいとか。頼りになりそうな大先生がいいとか、それより気軽に話せそうな人のほうがいいとか。

お客様の好みは、百人百色。自分の長所や強みを理解してくれるお客様はいると確信することは、士業をやっていくうえでとても大事なことです。

営業は「未来への種まき」

私のように「営業が苦手」という社労士や他士業の方は、少なくないと思いますが、**自分の信念を大切にするのも、ひとつの立派な営業法**ですので、自信を持ってください。即効性はないかもしれませんが、それも「未来への種まき」なのです。

私が「自分らしい営業法」として続けているもののひとつをご紹介しましょう。

それは、「**押しつけない営業**」です。本当は、顧問契約も単発契約も、ものすごく欲しいのです。でも、絶対、無理にお願いするようなことはしません。「私がお役に立てるのなら、ご協力します」というスタンスを、開業当時から守っています。

就業規則も、助成金も、社会保険の新規適用も、強く勧めて仕事になれば、報酬につながります。「この就業規則では、従業員トラブルが起きたときに通用しませんよ。もっと服務規律や懲戒のところを厚くしておかないと」「古すぎますね。全面的に見直したほうがいいですよ」「もっと労働時間や休職の項目を、詳しく書いておかないとマズいです」など、上手な営業トークで仕事を取る方法は、いくらでもあります。でも、それはお客様のためにはなりません。

もし、「変更しないと、たいへんなことになる」と判断した場合は、自分の信念を熱く語り、お客様に勧めます。でも、それはあくまで会社のことを思ってのことであって、**自分の売上のためではない**のです。

すべての会社が同じ状況のはずがありませんし、それぞれ対応しなければならないことも異なります。そのことが理解できないということは、社労士として「顧客のこころをつかむ」ことができていないのです。

特に顧問契約の場合は、お客様と長いつきあいになるわけですから、お客様のためにならなかったり、お客様が乗り気でなかったりするのに、無理に勧めることはできません。

「長沢さんって、いい人ですね」と言われそうですが、そんなことはまったくありません。「社労士を頼むなら、ぜひ長沢事務所に！」と思っていますし、そのような良心的なやり方のほうが、結局は、お客様も仕事も舞い込んでくるとわかっているから、実践しているだけなのです。

繰り返しになりますが、私は、短期的な儲けには興味がありません。長い期間にわたって、稼ぎ続けるのが一番だと考えています。それでお客様に喜んでいただける良心的な仕事ができるなら、お互いにとって最高です。

「押しつけない営業」の成果としては、お客様はもちろん、他士業の方も「無理に勧められることがない」「ガツガツしていない」ということで、気軽にご連絡をいただき、仕事に結びつくことも度々あります。

これは、なかなかできそうで、できないやり方かもしれません。私も最初は、のどから手が出るほど仕事が欲しかったですから。でも、自分の固い信念を曲げることなく、ここまで続けることができたのです。

お客様が見ているのは士業の内面

「何があってもお客様を守る」という誠実さを忘れない

前項目で、お客様が士業を選ぶ最大のポイントは、「人柄や相性」だと言いましたが、もし、お客様に選んでもらったとしても、「相性」がいいかどうかは、すぐにはわかりません。自分ではこの社長と気が合っていると思っていたのに、私の知らないところで、重要なことはすべて、畑違いのはずの税理士、さらには他の社労士に単発契約で相談していたことがわかり、「自分は頼りにはされていなかった」とショックを受けたこともありました。

逆に、はじめはなかなか頼ってもらえなかったのに、複雑な案件の役所調査を、何度も社長と話し合いながら乗り越えたことによって、強い信頼関係が芽生えたこともあります。

相性は、自分の努力だけではどうしようもないこともあります。それでも、「**相手のこと**

を思う一所懸命さ、そして誠実な仕事ぶり」しか、選ばれる社労士になる方法はないのではないでしょうか。

人間的に惚れてもらい、選ばれる社労士になることは、決して簡単なことではありません。でも、お客様のために全力で誠実な仕事をし続けていけば、時間がかかったとしても、必ず選んでもらえるときがくると私は信じています。

お客様は〝力強さ〟を求めている

さらにもうひとつ、顧客が士業を選ぶポイントは、「**自分の会社（お客様自身）を、いざというときに守ってくれるか？**」ということです。士業は、会社や社長にとって力強い味方でいることが、最も求められているのです。

社労士で言うと、「入退社手続き」だけの業務であれば、そこまでは必要とされないかもしれません。しかし、従業員に関することにしても、役所への対応についても、思いがけない事件やトラブルというものは必ず起きるものです。

そのようなとき、開業したてで経験的に未熟な社労士であっても、「私に任せてくだされば大丈夫です。何があっても守ります」という気持ちを示すことができれば、お客様に選ばれる社労士となることができるでしょう。**「会社を最後まで守る」「私に任せて正解という自信」**が大事なのです。

私も、いざというときに頼れる社労士として、強引な労働組合との交渉や、脅しのような労働者との戦い、役所との厳しい駆け引きなどに対応してきました。足がすくんでしまうような怖い思いをしたこともありましたが、決して逃げたりしません。

お客様は、**外見やキャリアなど表面的な部分で士業を選ぶわけではない**のです。

お客様はその人の内面を見て、自分の会社を守ってくれるかどうかを〝じっと〟観察しています。

私たちが、単に「自分にお金を支払ってくれる契約先」という意識でいたら、お客様はそれを一瞬で見抜き、仕事を依頼する気持ちにはならないでしょう。

私たちは法律家ですので、「自分を守る」ということに慎重になる気持ちもよくわかります。私も、事務所を立ち上げ、職員を抱えるようになってから、「事務所、そして職員を守らなければいけない」ということを強く意識するようになりました。

でも、私を選んでくださったお客様に対しては、「何があってもお客様を守る」という気持ちは決して忘れません。多くの社労士の中から、私を、そして私の事務所を選んでくれたお客様なのですから。

社労士は、会社の専門医のような存在です。自分の弱っているときに助けてもらうのですから、頼れる先生がいいとか、自分が重い病気にかかって手術してもらうことになったら技術力のある先生がいい……など、患者それぞれの好みはあるでしょう。でも、共通して言えることは、医者も、社労士も、お客様にとって「自分を守ってくれる」存在なのだということです。

お客様に「自分を守ってくれる」存在として認めてもらうためには、今のあなたの長所を知ること。そして、**自分の長所に「頼もしさ」「力強さ」をプラスすること**が選ばれる社労士になる最高の方法です。

自分に自信を持って営業しよう

「自分の長所」と「お客様の求めているもの」が同じとは限らない

私は開業前、不安いっぱいの反面、こころの奥では自信満々でもありました。平均年齢六十歳、男社会と言われる社労士業界で、私は二十代で、女性。そして、（今では想像できないくらい）スマートでかわいらしかったですから、中小企業の社長は、エラそうなおじさん社労士に頼むより、絶対、私のような若くて優しい女性に仕事を頼むだろうな、と思っていたのです。

このような勘違いをしてしまったのには、理由があります。半分自慢になってしまいますが、私が銀行の窓口担当だったときは、営業成績が優秀で、あるキャンペーンで全国的にトップレベルの成績を上げたこともあり、私をご指名で来てくれるお客様もたくさんいました。

また、社労士事務所に転職してからも、労働保険未加入事業所の営業などを担当し、結構な数のお客様と契約を結ぶことができたので、社労士業でも顧問先やお仕事を簡単に獲得できると、甘く捉えていたのです。

でも、そんな自信は、開業して数カ月でボロボロと崩れ落ちました。勤務社労士時代に電話営業や飛び込み営業をしたときのたいへんさがトラウマになり、何もできなくなったこともありました。

何よりもショックだったのは、お客様候補である社長と直接話す機会があっても、**感触はすごくいいのに、まったくというほどその後の仕事に結びつかなかった**ことです。

話が盛り上がり、雰囲気もよかった場合、「それでは、また考えてからご連絡します」と言われれば、「これで1件お客様が増えた」と、期待をしてしまいます。しかし、何日経っても、電話がかかってこないのです。仕事がなくて暇だということと、1件でもお客様を獲得したいという焦りの気持ちが重なり、何日も電話の前で待ち続けたものです。

そんな毎日を過ごす中で、「なぜ、こんなに感触がいいのに、仕事に結びつかないのだろう。何か理由があるはずだ」と考え始めたのです。

私が考え抜いた結論は、「お客様は、頼りになる人に仕事を任せたい」ということでした

（開業してかなり経ってから、「考えてからお返事します」という返事は、ほとんど決まらないということがわかりました。また、紹介を受けてお客様と会っても、契約に結びつかない場合もあるということもわかりました。顧問契約を結ぶということは、そんなに甘いことではないのです）。

若いこと、女性であることは、**当時の私はプラスだと思っていましたが、実はマイナスでしかなかった**のです。若い、痩せっぽち、性格もそそっかしいなど、社労士として「軽い」イメージに受け取られていたのです。

そういう部分を打ち消したくて、開業したときに「田辺有紀社会保険労務士事務所」（「田辺」は旧姓です）ではなく、「田辺社会保険労務士事務所」と、下の名前を入れるのをやめ、封筒や名刺、ホームページなどのイメージカラーをピンクから青に変えました。着る服も、派手な色から黒やグレーなど落ち着いた色に変え、メークも薄く地味めに、そしてマニキュアをすることもやめました。性格の根本的な部分は簡単に変えられませんでしたが、できる限りのものを無難に、落ち着いて見えるように変更しました。

自信を持てば、内面から頼もしさが表われる

でも、今振り返ってみると、その努力は「小さなこと」でしかなかったのです。若くても、女性でも、頼りなくても、ピンクだろうが、派手だろうが、そんなことは「外見」のことでしかないのです。一番大切なのは内面であり、それは「**自分に対する自信**」からくるものなのです。

現在、私は自然体でお客様に接しています。相変わらず頼りなさそうで、軽い雰囲気があるかもしれませんが、そのような面も含めて「私」ですし、そのような「私」を顧問先であるお客様は選んでくれているのですから。

今は、プロの手を借りれば、イメージをガラッと変えることも難しいことではありません。でも、私たち社労士は、お客様と「長くつきあっていく」ことを目標としています。実際、何十年ものつきあいとなることも多く、できる社労士を演じ続けることはとうてい無理なことです。

「私にお任せいただければ、社長と会社を最後まで守ります」

そうした気持ちが内面から溢れていれば、男でも女でも、貫禄があってもなくても、若くても年を取っていても、私は何の不利益もないと思っています。

相変わらず、私のクローゼットには黒系のスーツばかり並んでいて、地味な感じです。でも、私自身がそれで落ち着いて仕事をすることができ、そして自信が持てるのなら、それでいいのです。

私とは逆に、女性らしい、服装も華やかな女性社労士もいますが、そうすることで自分のイメージを作り、楽しい気持ちで仕事ができるのであれば、それが一番なのです。自信を持って仕事をすれば、見た目や表面的な性格はかわいらしいイメージでも、内面の芯の部分に「頼もしさ」が備わってくるはずです。

自分に自信を持てば、内面から「頼もしさ」がにじみ出てくるものなのです。そして、**外見に自信が表われれば**、お客様に「頼りにしたい」「会社を任せたい」と思われる社労士となることができるでしょう。

女性社労士としての「ワークライフバランス」

自分の生き方について、自分自身によく問いかけてみよう

仕事で多くの女性が真剣に仕事に打ち込む中、結婚や子供のことばかりで頭がいっぱいになり、仕事がおろそかになってしまう人や、権利ばかりを振りかざす人がいることは否定できません。

そのような従業員に対して、どうしたらよいかという相談も数多く受けてきました。女性が働き続けていくことの難しさを思い知らされたと同時に、どのようにしていかなければならないかも教えられました。

私は「若い女性」の頃に開業し、その後結婚して、出産も経験しました。しかし、私にとっては、何よりも仕事が最優先です。結婚も出産もすべて、「仕事第一でがんばれるのか」

「お客様に迷惑をかけないか」ということを自分自身のこころによく問いかけ、ＯＫだと判断した時点で踏み切りました。そうした覚悟ができていたからこそ、その後も**優先順位で迷うことはありませんでした**。

すべての女性がこのような「決心」をできるとは思いませんし、私自身も少なからず苦労や悩みを抱え、多くのことを犠牲にしながら働いてきました。お客様から、「子供がかわいそう」「そんなに仕事が好きなの？」といった厳しい言葉をいただくこともしばしばありました。

また、「子供のことを優先していいのよ」と言ってくださる方もいましたが、私は長年の経験から気がついたのです。そのような言葉を１００％真に受けてはいけないのだと。「子供のことを優先してあげて」と言いながら、お客様は妊娠中に「悪いけれど、大至急○○をしてほしいのだけど……」と依頼をしてきます。お客様にとっては、「子供も大事だけど、うちの会社のことは何よりも最優先でやってね」ということなのです。

お客様は、「常に自分が一番」です。女性に限ったことではありませんが、1章でもお伝えした通り、士業を始めた最初の数年は、「ワークライフバランス」という言葉を忘れるくらい仕事に全力投球しなければ、仕事ももらえませんし、お客様にも満足していただけません。**それが、士業の厳しさ**です。

「実績」はあなた自身の取り組み方から生まれる

また、私が女性という意味で気をつけていることがあります。それは女性としてのデメリット、つまり相手が私に対する不安を、できる限り取り除くということです。

「女性だし、若くて(今はもうそんなに若くはありませんが)頼りない感じだけど、大丈夫?」

「子供が3人もいるし、しかもまだ小さいとなると、家庭や育児のことがあって仕事に専念できないのではないかな?」

「夫の転勤などで突然仕事を辞めることはないのかな?」

逆の立場で自分を分析してみると、このようなことでお客様が不安になるのは当たり前だと思います。くやしいけれど、仕方のないことです。

「仕事が最優先」と、どんなに口で説明をしても、100%信じてもらえるはずはありません。何よりも優先して仕事に打ち込むことによって、少しずつお客様に信じてもらうしかないのです。現在は、そうした苦労が「仕事を紹介してもらう」という形で戻ってきていると感じています。

今はこれまで積み重ねてきた実績によってお客様に信じてもらえるようになりましたが、

それまでは女性ということで嫌な思いをしたことも、つらい思いをしたことも、くやしいこともありました。でも、今は「女性でよかった」と思っています。女性には男性にはないよさがあり、**「それで私は勝負するのだ」**と決心しているからです。

一般的には、男性と女性は平等であり、「男性だから……」「女性だから……」というのは好ましくないことと思われていますが、男性と女性がすべて同じということは無理な話だと感じます。男女それぞれの「よさ」があり、それぞれの持ち味を活かすことは、決して悪いことではないと、私は思うのです。

数年のがんばりが、未来の成功に結びつく

私の場合、子供の保育園のお迎えがあるので、遅くまで仕事ができません。夜の仕事や飲み会などがあれば、早くから段取りをつけておかねばなりません。多少手抜きはしているにしても、家事もあります。仕事の予定が家庭の事情で思ったように組めないときなどは、「子供のことがなければ、もっと全力で仕事ができるのに」「こんなに仕事がたまっているのに、もう切り上げないと保育園に間に合わない」「飲み会だってもっとたくさん参加したい」と、私のイライラはピークに達します。

男性は「家のために働いている」と見てもらえるのに、私が仕事をがんばっても誰からも感謝されない、と考えたりすると、「男性はいいよな。仕事に打ち込めるし、それを褒めてもらえる」と卑屈になることもあります。

でも、私は私なりのやり方で、家庭と子供に対して責任を持って接しているつもりだし、その努力があったからこそ、今の自分があると思っています。

これまで、私は走り続けてきました。事務所経営が安定してきた今は、もう少し家族のこと、そして自分のことを考えて、余裕を持った仕事スケジュールを組んでいきたいと思っています。

みなさんには、働き続けている間ずっと、私生活を犠牲にしろとは言いません。人によって多少の違いがあるかもしれませんが、たかが数年のことなのです。数年間だけ、仕事に打ち込んでみませんか？

長い人生のうちのほんの少しの時間です。**この数年のがんばりがあなたの一生を決めるかもしれません**。生涯この仕事をする覚悟があれば、実行することは可能なはずです。数年間の「スタートダッシュ」が終わり、ビジネスが少し軌道に乗ったら、あなたの理想とする「ワークライフバランス」について、ぜひ考えてみてください。

自分のライフスタイルにあった事務所経営を目指そう

大きい事務所にもメリット、デメリットがある

士業同士でこのような会話をすることがよくあります。

「自分の理想とする事務所とは？」

「どのようなライフスタイルを目指している？」

「自分の理想とする事務所」については、大きく二つに分かれます。

「お客様も従業員もたくさんいる大きな事務所を目指す」か、逆に小規模でも、自分の目の届く「質のいい事務所を目指す」かです。

まだ経験が浅かったときは、「大きな事務所がいいに決まっているじゃない！　そのほうがかっこいいし、儲かるし」と考えていました。

でも、たくさんの士業仲間ができ、その実状を見たり聞いたりする機会も増えた今では、**「必ずしも大きい事務所がいいとは限らない」**ということがわかりました。

職員を抱えるということは、人件費もかかります。職員ひとりひとりの個性をまとめていくのは至難の業ですし、何人か雇用すれば、大なり小なり職員とトラブルも起こりますから、心労も絶えません。

「うちの職員、仕事ができないんだよね。事務所の評判が落ちてしまうよ」「最初は素直だったんだけど、今は私の指示なんて聞きやしない。でも、がんばってはいるからあまり口出しもできないし……」という悩みを抱える士業の話をよく聞きます。

また、お客様が増えてくれば、それだけ自分の目が行き届かなくなってくるものですが、「自分ですべて対応したい」「人には任せたくない」という人も社労士には多いようです（ちなみに、私は職員に「仕事を任せられる」タイプなので、あまり気になりません。とは言え、ポイントだけはしっかり確認し、「ホウレンソウ（報告・連絡・相談）」は徹底しています）。

深刻な悩みだと、「退職をするときに、うちの顧問先を持って行かれた」「やっと仕事を教えて、活躍してもらおうと思っていた矢先、独立・開業すると言われた」というケースもありました。

そういう経験を自らすることにより、初めて同じような悩みを抱えるお客様の気持ちがわかり、士業として厚みが出てきますので、すべてがマイナスというわけではありませんが、やはり精神的にキツイものです。

職員を雇うことで、自分自身も成長できる

士業の収入は、事務所の規模とは正比例ではありません。ひとりでこじんまりやっている事務所のほうが、大規模の事務所よりも儲かっている場合も少なくありません。

一概には言えませんが、社労士ならば、「ひとりでやっている場合、売上1000万円程度が限界」と言われています。中には、質のよい仕事を、アウトソーシングや他士業との連携などを取り入れて効率的に行ない、1000万円よりもはるかに高い報酬をひとりで稼いでいる人もいます。

私の場合、あまり計画的ではなく、単に仕事が忙しくなれば職員をひとり増やし、また顧問先が増えればひとり増やし……という感じで職員が増えていき、現在は私を含め5人体制です。これは社労士事務所としては中途半端な規模で、実は、収入的な面でも一番割が合わない状態です。

しかし、ここまでくると後戻りはできません。今の状況を突破して、ある程度の規模に持っていくしかないと考えています。

そのためには、**事務所の基盤**をしっかり築かなければなりません。トップである私の基本的な考え方やカラーをきちんと職員全員に伝え、理解してもらえるように、朝礼や食事会など会話の機会を増やす努力を重ねています。


大きい事務所にも、もちろんメリットはあります。たとえば、ひとりでは受けることのできない仕事も請けることができます。大会社の給与計算などは、短期間で終わらせなければいけないということ、大量のデータの確認作業が必要なことなどを考えると、ひとりで仕事をしていたときはとても無理な話でした。しかし、職員を雇うようになった今では、そのような仕事も、責任を持って受託することができます。

また、私や職員の成長、事務所の規模に比例して、難しい仕事や大きな仕事が舞い込んでくることが増えました。難しい案件で、どのような方向で進めていくか悩むような場合も、「三人寄れば文殊の知恵」ではありませんが、みんなで意見を出し合い、お客様にとってよりよい答えを出せるようになりました。

私自身ももちろん、お客様の相談事に対して「私なりの考えや答え」はありますが、職員に相談することで、「そのほうがお客様にとっていいだろう」「私の考えだと、いざ訴えられたとき危険だな」など**新たな気づき**があり、とても助かっています。

また、それぞれの得意分野、不得意分野というものもあり、それを補うこともできます。

私は「年金関係」「パソコンなどの器械操作」が苦手であり、職員にフォローしてもらっています。

事務所を構え、職員を雇う一番の利点は、**「仲間がいる」という心強さ**です。事業主として、「仲間」という言い方がよいかはわかりませんが、私は、職員のことを家族のように思っています。私自身も、精神的に助けてもらうことが多く、ときには弱音を吐くこともあります。

お客様から見たときも、やはりひとりの事務所よりは安心感があるようです。大きな会社、大きな仕事ほど、「何人も職員がいるから」「長く続いている事務所だから」ということで事務所を選ぶ傾向があります。

自分の思い描く事務所経営をするために

大きな事務所、ひとりの事務所、その間を取った中堅どころの事務所、それぞれにメリット、デメリットがあります。私自身、どれがお勧めとは言えませんが、ひとつアドバイスできるとしたら、**「あなたの理想とする仕事のスタイル、ポリシーはどのようなものかを考えること」**です。そうすれば、自然に答えが出てくるはずです。

多くの士業の方が、開業前から「将来こうしたい」「自分のスタンスはこうだ」というのを、はっきり頭に描いているものです。私自身は、「私の目の届く範囲の中規模な事務所」というのが答えでした。

士業には、自分の私生活を大切にしたいという人が多いように思います。そういう人たちは「自分ひとりの目が届く範囲で、いいお客様（単価もそれなりの、質のいいお客様）と、いい仕事（無理のない仕事やお客様に喜ばれるような仕事）だけをしていく」ということを貫いています。彼らは毎日が楽しそうで、なおかつ、私よりもはるかに稼いでいたりします。

一方、私はよく「もっと自分の時間を作らないとダメだよ。仕事に振り回されてはいけないよ」と、先輩や仲間にアドバイスされます。私もその通りだなと思うのですが、私の性格上、あまりスマートな生き方はできません。お休みをもらって旅行に行っても、仕事のことが気になってしまい、こころから楽しめないのです。だから、「仕事が最優先」でここまでやってきたわけです。

ライフワークバランスという言葉が流行っていますが、そんなに難しく考える必要はありません。「自分はどんな事務所を理想としているのか？ どんな生活を理想としているのか？」を、いつも頭のどこかに置いて、仕事に向かってみてください。

「事務所を大きく、小さくなんて言っている場合ではない、今は1件の仕事でも欲しいのだから、『来るものは拒まず』に決まっているじゃないですか！」という開業したての人の気持ちもわかります。それでも、誰だって「理想」があると思うのです。

「**結構、思い描いた通りになっていくんだよね**」と、開業した人は口を揃えてこう言います。

私のような仕事第一の生き方も、自分が望んだことなのでしょう。だからこそ、今の自分、今の事務所の姿があるのです。

6章

人として成長し続ければ、必ず成功できる

仕事への取り組み方を考え直してみよう

困難やつらいことも、自分を成長させるチャンスと考えよう

社労士の仕事は、本当に奥が深くて、仕事も厳しく、法律などの「知識」を学び続けなければ通用しません。それと同時に、「人」に関する仕事ですから、時代とともに変わる人の考え方、行動パターンなどを察知する能力も磨き続ける必要があります。

そもそも、私たちは何のために仕事を続けているのでしょうか？　「お金を稼ぐため」というのが普通の答えかもしれません。

でも、私は、**お金は、よい仕事をしていれば後からついてくるもの**だと考えています。「お金に振り回されたくない」「自分を安売りしたくない（報酬を高く取るということとは違います）」「プライドを持ち続けたい」という気持ちがありますので、私にとって、仕事は「お金を稼ぐため」という側面は、さほど強くありません。

私は、「**仕事とは、自分を成長させるもの**」だと考えています。報酬をいただきながら、自分を成長させてもらっているのです。

「あなたは女性だし、旦那さんもいて、自分が働かなくても生活に困らないから、そんな悠長なことを言っていられる」

そんな声が聞こえてきそうです。でも、私は「いざとなれば、主人が働いているし、私の収入がなくても困らない」などと思ったことは、今まで一度もありません。

諦めること（廃業をすること）は、決して恥ずかしいことではないと思います。しかし、この仕事を辞めざるを得ないときは、できる限りのことをやって、「もう、これ以上できない。やれることもない」というところまで行きついてから、辞めたいと考えています。

今、私は、たくさんのお客様に恵まれています。顧問先が1件増えること、仕事の依頼が1件くることが日常的になりましたが、最初の数年間は1年間に顧問先が1件、2件増えただけ……という状態が続き、アルバイトをして生活をしのいでいました。だから、今でも1件1件のお客様が本当にありがたく感じることができます。

また、平成20年からの大不況で顧問先が次々と倒産してしまい、顧問料収入はつらい状況にありました。具体的に事務所単位で考えると、年間数百万円も売上が減るという、開業してから初めての経験でした。

事務所にとって本当につらい経験ではありましたが、一方で、お客様の大切さ、ありがたさ、創業時の「初心」を思い出すことができました。そのような気持ちで仕事をすると、**ひとつひとつの仕事に感謝をしながら**、大切に取り組めるはずです。

私は事務所の職員に、「私から回ってくる面倒な仕事は、自分からどんどん引き受けたほうがいい。それが**社労士としてだけでなく、人間的にも成長することになる**んだよ」と伝えています。

私の顧問先に、年中細かい質問をしてくる社長がいらっしゃって、いちいち調べて答えるのが面倒に感じていました。でも、振り返って考えると、そのような仕事をひとつひとつこなしていくことによって、力がついてきたことが、今ならはっきりとわかります。だから、どんな仕事も「ありがたい」と思って受けていくべきなのです。

私が職員に回す仕事は、頭の痛い細かい仕事ばかりで、一気に何時間分もの仕事が増えてしまい、帰宅が深夜になることもしばしばです。今までやったことのない仕事にチャレンジするときは、いつもの倍以上、時間がかかってしまいます。

でも、それを「面倒くさい」「忙しくなる」「仕事がたまる」などと思っていたら、成長することはできません。特に若い人、開業間もない人などは、ハングリー精神を持つのも成長するための大切な要素です。

そうは言っても、私もつい「こんな面倒な仕事はやっていられない！」「割が合わないな」なんて思ってしまうことがよくあります。

そんなとき、社労士を志してＯＬを辞め、ひとり暮らしをしてまで社労士事務所に飛び込んだときのことを思い出すのです。

毎日ため息をつきながら、それでも、「一人前の社労士になるんだ！」と、将来たくさんのお客様と職員に囲まれている夢を見ながら、小さな部屋で勉強し続けていました。不満や不安が出てしまうとき、そのような日々を思い出して、初心に帰ります。

自分自身の成長こそ成功への道

数年前の話になりますが、ある顧問先の女性社長に、厳しいお叱りを受けたことがありました。その社長はあまり細かいことにこだわらないタイプでしたので、今思えばたいへん失礼な話ですが、そのペースに合わせて事務所内で少しいい加減な対応が続いていたように思います。

あるとき、職員が連続して、その会社の仕事のミスをしてしまい、とうとう社長が爆発してしまったのです。そのきっかけは、「メールが届いていない」というミスでした。送信済みトレイにはそのメールはきちんと入っていましたし、そのメール自体はそんな大切なものではなかったのですが、それがその後に続く「事件のきっかけ」となってしまったのです。

職員がその件で電話をしたところ、「所長から連絡させなさい」というひと言で電話は切られてしまいました。それを受けて、私は「私が謝れば大丈夫だろう」と甘く考え、いつもの調子で折り返しの電話を入れると、「あなたは謝れば済むと思っている。この間も謝ったばかりだけど、何も変わっていない」と厳しい言葉で返されました。

「送信済みトレイを確認したところ、きちんと送られているようで……」と私が言った途端、その社長がさらに厳しい口調で言い放ちました。

「上に立つあなたがそういう態度だから、職員もいい加減になってしまうのよ。私はずっと不満に思っていたけど、今まで何も言わないできただけで、ずっとたまりにたまっていたのよ。職員が悪いのではなくて、**すべては上に立つあなたの責任**」

そこまで言われて、くやしいやら、悲しいやら、恥ずかしいやら、複雑な気持ちで涙がこぼれてきました。たかが月数万円の顧問料。この会社がなくなったって、事務所の売上にとっては大きな問題ではありません。「今回のことでこれからいつもビクビクして対応するくらいなら、こちらから仕事をお断りすべきではないか？　それが私のためであり、事務所のためではないか？」と考えました。

しかし、次の瞬間にその社長はこう言ったのです。

「見捨てるぐらいなら、こんなことは言わずに、適当な理由をつけて契約を解除するだけ。私はあなたをすごいと思っているから、あなたに頼んでいるし、厳しく言っている」

その言葉を聞き、私は、お金のためではなく自分の成長、そして事務所の成長のために、お客様から認められる日がくるまでがんばろうと決心しました。この社長から**逃げることは簡単**です。しかし、この社長を満足させる仕事ができたとき、私も事務所も、成長をしているはずです。

私は、その社長に「1年間、顧問料ナシでやらせてください。1年後、私に顧問料を支払う価値があると思ったら、そのとき支払ってください」と申し出ました。そのときの私は、「申し訳ありません」という気持ちではなく、「ありがとうございます」という感謝の気持ちでいっぱいでした。私や事務所にとって、大きく変われるきっかけだと感じたからです。

仕事をお金のためだけと思うのであれば、私はきっとこの会社をお断りしていたことでしょう。でも、私はこの社長から報酬をいただきながら、経営者として大切なことを教えてもらいました。

それから、その会社の仕事が順調だったかというと、実はそうではありませんでした。仕事をしていると、「ミスをしてはいけない仕事ほどミスを繰り返す」という法則のようなものを感じることがありますが、この会社の場合も同様でした。他の会社の何倍もチェックしているはずが、真っ青になるような凡ミスなどもありましたが、社長は「誰にでもあることだから、大丈夫」と言ってくださり、厳しく叱るなどということは、二度とありませんでした。

現在では、とても頼りにしていただき、人間関係もしっかり築けています（私がいらないと言った1年間分の顧問料も、黙って振り込んでくれました）。

あのとき、逃げなくてよかった。私は今、こころからそう思います。

仕事をしていると、たいへんなこと、嫌なこと、面倒なことがたくさんあります。また、家族や子供にも、申し訳ないと思うこともしばしばです。「何のために仕事をしているのだろう。誰のために仕事をしているのだろう」と悩むことが今でもあります。

それでも私は仕事を続けているし、死ぬまでこの仕事を続けていくのでしょう。私を必要としてくれているお客様がひとりでもいる限り、私はその人のためにがんばりたいのです。中途半端にこの仕事を投げ出したくないのです。

何より、経験をした分だけ、自分の成長をはっきり実感することが、私の仕事への情熱や信念を支えています。お客様のためにも、自分自身のためにも、私は社労士という仕事を続けていきたいと思うのです。

お客様と接するときは戦いのとき

短い時間でお客様のこころをキャッチしなければならない

私は今でさえ、お客様にお会いするのは緊張します。しかし、開業当時は「質問に答えられなかったらどうしよう」という緊張感でしたが、今は「答えられないこと」はまったく怖くありませんし、緊張もしません。

それは単に長くこの仕事をしてきて、経験や知識が増えたからではありません。むしろ、昔より即答できないことは増えているかもしれません。最近はお客様の質問も高度になってきたり、法改正の連続であったり、仕事も法律もとにかく複雑になってきていますから。

なぜ、答えられないことが怖くなくなったかというと、あるときから「**答えられないことは恥ずかしいことではない**」ということに気づいたからです。

この点は、私が一番成長したところだと言えます。人間は、すべてを暗記できるはずもなければ、ど忘れすることだってたくさんあります。わからないときはあわてず、カバンに忍ばせてある資料を涼しい顔で開いて調べてもいいのです。「後で調べてから電話します」でも、まったく問題ないのです。逆に、「いいところをついてきますね」などと返せば、お客様も上機嫌になりますし、相手を不安がらせないという効果もあります。

それでは、今は何に対して緊張するのか？　というと、私はひとつの顧問先に何回もおうかがいできるわけではない、ということです。ですから、お会いする**一瞬一瞬が貴重な時間**です。その短い時間の中で、「お客様が今、何を悩んでいたり、問題を感じていたりするのか」「私（もしくは私の事務所）に対して何を望んでいるのか？」「私（もしくは私の事務所）が、今できることは何なのか」ということをしっかりキャッチしなければなりません。これは、全力を使わなければならない仕事であるため、その重圧で緊張しているのです。

お客様に対する責任の重さ

私は、**お客様と接するときは「真剣勝負」**だと思っています。社長は会社を背負って、私に相談してきます。相手は真剣ですから、こちらも真剣に向き合わなければならないのです。

そうでなければ、お客様のこころの奥底を見ることなどできないし、お客様のこころをつかむこともできないからです。

私は、お客様を訪問する前日は早めに寝ることにしています。寝不足で話に集中できないなんていうことは、私のプロ意識が許しません。スーツもいいものをビシッと着て、メークにもいつもより気合いを入れて出かけます。これは「労使トラブル問題」など重大な仕事のときだけということではなく、普通の訪問でも同じです。

別に化粧が濃いのが見栄えがいいとも限らず、高い服を着るのがよいわけではありません。「自分に自信を持って相手と接することができる」ということが大切なのです。

ついでに、「腹が減っては戦はできぬ！」ですから、腹ごしらえもしっかりして、「パワー全開」で顧問先に向かいます。

この仕事を始めた頃よりもずっと、現在のほうが緊張感を持っている気がします。**自分の発する言葉のひとつひとつに、責任の重さを実感**することが増えたからなのかもしれません。

戦いとか、緊張感などと書きましたが、いつも真面目な顔をして難しい話をしているわけではありません。会話のほとんどが、他愛のない世間話です。お孫さんがいる社長にはお孫さんの話を聞いて、携帯でかわいい写真を見せてもらったりします。グルメな社長にはおいしいお店の話、仕事一筋の社長には創業当時の話など、お客様に合わせた会話を心がけます。従業員の方の愚痴をひたすら聞いていることが一番多いですが、それですっきりするようであれば、どんどん話してほしいと思います。

そんなくだらない話ばかりでいいのかって？　それが、とても大切なことなのです。世間話は、仕事の話をする何倍も難しく、経験もそれなりに必要です。私の事務所の若い職員は、「仕事の話はできるようになってきたけれど、世間話をするのが苦手で、何を話していいのかわかりません」とよく言っています。そんなとき、私はこのように答えます。

「今は、お客様の話をしっかり聞くだけで十分だよ。そのうち、そのお客様のことに興味を持って、『もっと知りたい』と思えるようになれば、聞きたいことや話したいことも自然に出てくるから、大丈夫！」

さりげない会話の積み重ねから人間関係ができていき、人間関係を築くことによって、こころを通わせることができます。お客様とそのような関係になることができれば、何かのときに相談していただけるようになるのです。

法律家として自分を守ること、会社を守ること

100%問題がない会社などない

すべての会社、すべてのお客様が法律通りに、役所から100点満点をもらえるようなことをしていれば、士業もラクになるだろうと思う反面、士業の仕事のうち半分も必要なくなってしまうでしょう。理想論ばかりではいかないのが、士業の仕事です。

世の中に、「法律的にまったく問題なし」と言える会社が、いったいどれだけあるでしょうか？

「社会保険に全員が加入していない」

「労働時間が労働基準法を違反していて、とにかく長い」

「残業代の計算方法がおかしい（そもそも残業代を支払っていない）」

ほとんどの会社が、何かしらの問題を抱えていると思います。それは、中小零細企業にお

いても、大手企業においても同じことです（ただし、一見しっかりしていそうな大手企業のほうが複雑で、根深い問題があるケースが多いとも言えます）。

資格試験の勉強で、私たちは法律的なことはしっかり学びました。でも、実際に実務に携わってみると、**現実とのギャップ**に驚きます。「これは違法ですから、すぐに直してください」と簡単に言えたら、どんなにラクかわかりません。

労働時間を聞けば、朝の8時から夕方6時で、土曜日も祝日も出勤と、週54時間勤務（法律は原則週40時間まで）、ついでに有給休暇は年6日……それで就業規則の作成を考えていると言われても、困惑してしまいます。今はそのような無茶な依頼には慣れたものですが、最初の頃は目が点になってしまい、オドオドするばかりでした。

一から十までをすぐに直せと言ってしまえば、お客様は拒否反応を示します。もちろん最低限、違法なことはきちんと伝えますが、きちんと納得をしたうえで、前向きな気持ちで、会社の制度を整備してほしいと思っています。

違法なことをしている会社を引き受けるということは、こちらにとってもリスクはあります。でも、私は胸を張って、堂々とお引き受けします。

社労士は、役所とは立場が異なるので、その場ですぐに直していただくわけにはいかないかもしれません。しかし、私は「違法なことばかりしている会社は絶対伸びない」と考えていますので、自分を守るためではなく、その会社を守るために、粘り強く、あまり無理をせず、しっかり会社を指導していきます。

社労士である自分自身を守ることも必要なこと

ただ、指導によって会社が傾くようなことがあれば、**本末転倒**だという考えもあります。

たとえば、社会保険は、法人ならすべての会社が加入しなければなりませんが、給与も毎月遅延していて、そろそろ従業員を減らさないと持ちこたえられない、という会社に対して、毎月何十万円、何百万円という負担（賃金額や従業員数によって金額はまちまちですが）がかかる社会保険に、「今すぐ加入しろ」とは言いにくいものです。

そのような場合、労災保険や雇用保険は、社会保険に比べると負担が少なく、「労災事故が起きてしまった」「いざ退職して、失業保険を当てにしていたけど、出なかった」などの大きなトラブルになることが多いですから、せめて先にこちらから加入しましょう……などという言い方になってしまうこともあります。

社会保険に加入したいという場合は、保険料を計算して渡します。多くの社長は、想定以上にかかる金額に驚きます。

「社長、高いから社会保険をやめた、なんていうことは絶対できないんですよ。これだけの金額を、これから毎月責任を持って支払い続けられますね。10年後、20年後もですよ」と、慎重にアドバイスします。そして、それでも従業員のため、会社のために加入するという決意がわかれば、「すばらしいですね！」と褒め、喜んでお手伝いするのです。

このように、きれいごとばかり言っていられない、苦しい会社のケースは、いくらでもあります。もちろんいわゆる「不正」のようなこと、大きな問題になるようなことは絶対にしませんし、会社に対しても厳しく指導しています。しかし、そうではない、微妙なケースのときは、やはり迷ったり悩んだりの繰り返しです。

社労士として、職員を抱える事務所の代表としてどうあるべきか、**きれいごとの多い法律の中で、どのような立場でいるべきなのか**、「保身」について考えることもあります。「グレーゾーン」のケースというのは、判断が本当に難しいものです。ひとりでは判断しきれないこともありますし、情報が必要なこともあります。

そんなとき、相談できる同業者がいれば心強いものです。ただ、そこまでの関係は、そう簡単に作れるものではありません。私の場合、長いつきあいの仲間、ともに切磋琢磨してきた仲間、飲み仲間などが自然にそういう間柄となりました。

また、事務所の職員と「このケースはどうするべきか」と、法律論を並べて討論することもあります。そのようなとき、成長した職員の横顔がとても頼もしく見えてきたりします。

「尊敬するこころ」を持てば、うまくいく

つらい経験があって初めて知ることもある

私自身が小さい事務所ながら一事業主となり、事業を続けていくということ、そして従業員をまとめていくことが、どれだけたいへんなことかを経験することで、お客様である社長のたいへんさ、経営はきれいごとだけではないということが、身をもってわかってきました。

開業してからの半年間、事務所の売上が1円もなくて、社労士としての未来がまったく見えず、「私はこの先どうなってしまうのだろうか」と、思い苦しんだことがありました。

私の思いや考えに事務所の職員がついてきてくれず、なぜわかってもらえないのだろうと苦しんだり、不景気で顧問先が立て続けに倒産してしまい、電話が鳴るたびに「また顧問先が減るのかも」と怖くなったり、同業者にお客様を奪われ、裏切りと自分の力のなさに涙したり……。

そうした経験があったからこそ、今は社長に対して仲間意識を感じますし、こころから尊敬もしています。

お客様が自分を成長させてくれる

仕事も人生もなかなか思い通りにいかないことばかりで、**努力と結果が正比例とはいきません**。そんな荒波の毎日を生きてきた年長者の社長を、人生の大先輩として尊敬しています。

相手を尊敬するこころがあれば、仕事も人間関係もうまくいくのです。「こんな小さくて、潰れそうな会社の社長なんてたいしたことない」「年寄りだから、頭が固くてどうしようもない」なんて、最初から思って接したら、相手もこころを開いてくれるはずがありません。

お客様である社長の気持ちや、会社の歴史の重みがわからずに、どうして偉そうにアドバイスができるでしょうか？　的確なアドバイスができるのでしょうか？　お客様と真正面から向き合おうと思っていた自分ですが、まだまだだったなと、過去を振り返って思います。

今では、「中小零細企業の社長や従業員は、人間味があっておもしろい！」と、社労士の仕事のやりがいに気がつき、お客様に尊敬の念を抱いています。

社労士の中には、高学歴、一流企業出身の人も多く、こころの中でお客様を下に見る人も多いようですが、そのような気持ちでいたら、お客様とうまくいくはずがないのです。もしかしたら、それが成功できない一番大きな原因かもしれません。

私は、社長の話を聞くことが好きです。「創業当時や不況を乗り越えたときの苦労話」「経営者としての考え」「従業員に対する考え」などを聞くと、社長の考えがよくわかるということはもちろんのこと、私も職員を抱える経営者のひとりとして学ぶことが多いからです。また、「労務管理の専門家」としても考えさせられることが多くありますし、何より、社長とこころを通わせることができるのが一番の利益だと思います。

最近、私もようやく一社労士として、また一士業として、ひとりの人間として、少し厚みが出てきたように思います。

私にいろいろなことを教えてくれ、**育ててくれたのは私のお客様**です。名前も知られていないような小さな会社ばかりかもしれませんが、お客様の話はいつも私のこころに響き、たくさんの気づきを与えてくれるのです。

すべての経験を活かせるのが士業の仕事

回り道をした今までの人生も無駄ではない

私は23歳で社労士試験に合格をして、すぐにこの仕事に飛び込み、25歳という若さで開業して、今まで走り続けてきました。

そのため、「若いときにスタートを切ることができてうらやましい」「自分は20代のときなんて、何も考えてなかった。長沢さんのようにもっと早くからこの仕事をしていればこんな苦労をしなかったのに……」という言葉を、同業者から何度も言われてきました。

たしかにその通りかもしれません。いつも人よりやることが一歩遅い私が、唯一、社労士が必要とされる時代を見抜き、他の人よりひと足先に行なったことが、社労士という仕事でした。

しかし、まったく士業と関連のない仕事をしていた人が、社労士の仕事を始めようとしたとき、「今まで無駄な時間を過ごしてしまったな」と思わなくてもいいのです。仕事や人生において、**無駄な経験、無駄な時間なんて何ひとつない**のですから。

法律を学び、書類を書くことも大切ではありますが、士業の仕事で一番大切なのは「**人間力**」です。人間としての魅力と輝き、奥深さなのです。

私も、社労士の仕事をする前は信託銀行で3年間勤めていましたが、それはとても有意義な期間でした。大手企業という組織とはどのようなものか、福利厚生や規則はどうなっているのか、一流企業や一流大学出身者のものの考え方、大企業ならではの同期や先輩、上司との仲間意識など、そのときに学んだことは、社労士の仕事でもおおいに活かされています。たった3年ではありますが、それらの経験は、学生時代に資格を取得して新卒で開業をしたり、勤務社労士になったりしていたら、わからなかった貴重な経験だと思います。

自分の歩んできた道をプラスに考えよう

現在、活躍している**社労士の経歴も、実にさまざま**です。

結婚や子育てで仕事を中断し、一時期は主婦業に専念していた、という女性社労士の悩みを聞くことがよくありますが、その方たちには「専業主婦を長くやっていて、自分には何もない」と思わないでほしいのです。主婦の仕事がどれだけたいへんか、そして意義のあるものかを、私は一主婦として理解しています。

そのような女性が仕事を始めたときのパワーの大きさは、すごいのです。私の親友の行政書士は、16年間専業主婦をした後、資格を取得して開業しました。16年間ずっとため続けてきたエネルギーと、専業主婦で培った生活者感覚で、多くの顧客から慕われて、仕事も順調です。彼女の成功を見ていると、専業主婦の時代があったからこそだと納得するのです。

大手企業に勤めていた人であれば、「大手企業にいても、辞めてしまえばただの人」と言われることもありますが、能力が高い人たちの中で培ってきたレベルの高い考え方は、社労士としておおいに説得力があります。

中小零細企業に勤めていた経験は、「現場を知っている」「中小零細企業度独特の考え方や風習を知っている」という意味で、とてもいい経験です。

まったく違う分野の仕事でも、**人間としての視野を広げている**はずです。

「私は、コンピューター関連の会社に勤めていて、士業の仕事とはまったく関係ない仕事をしていましたが、これからは『IT社労士』としてやっていこうと思います」と言う人もいました。どんな会社だって、今はＩＴが必要ですし、労務管理も今は機械化の時代ですから、お客様に重宝される社労士として活躍できるでしょう。

実際、私の事務所にも、大手ＩＴ企業に8年在籍後、転職してきた職員がいます。彼のおかげで、所長の私が機械に疎いのにもかかわらず、事務所のＩＴ化はどんどん進み、事務所の効率化を図ることができました。また、固定観念にこだわらない理系独特の考え方をするのも私には新鮮で、いいアイデアを提案してくれることもしばしばです。

専業主婦の経験、大手企業の経験、まったく違う分野での仕事の経験、年齢が高いこと……どんなことも、**やり方・考え方次第でプラスになります**。一番大切なことは、自分に自信を持つこと、そして、**自分の歩んできた道に誇りを持つ**ことです。

たとえ、失業をしていた時代のこと、離婚や失恋をしたこと、受験に失敗したことなど、普通に考えればマイナスのことであっても、そういう経験が人間性を豊かにするのです。また、つらい経験を乗り越えたことによって、お客様にも優しく親身に対応することができるのです。

あなたを必要としている
お客様は必ずいる

お客様が増えても、つらいことはある

私がなぜこの仕事を続けているのか？　ということを問われたら、すかさず「**私を必要としてくれるお客様がいるから**」と答えます。

しかし、生まれ変わっても社労士の仕事に就きたいかと言われると、それは簡単に「ＹＥＳ」と言えません。なぜなら、食べられるようになるまで本当につらかったからです。先が見えない真っ暗なトンネルを歩いているようで、どうしていいかわからず、気持ちだけが焦ってくる……当時は、ただ前に一歩一歩進むしかありませんでした。私にお客様なんてできるのだろうか、仕事についていけるのだろうか。そういうことを考えると、気がおかしくなりそうでした。

最初は、同業者の集まりに顔を出すのも苦痛でした。「何件お客様ができた？」なんてデリカシーのない質問をする人がいたからです。私はお客様がいないし、業務経験もロクになく、ただ名前だけの社労士だと自己卑下し、「社労士」と名乗るのさえ恥ずかしく感じたこともあります。

「今はこんな営業をしているんだよ」「この間、こんな仕事をしたんだ」「顧問先ができたよ」と、私と同時期に開業した人のがんばっている姿を見るのも、つらいことでした。

それでも、私にも1件ずつお客様ができてきました。しかし、お客様が増えるのに比例して、頭が痛くなったり、眠れない日も増えてしまいました。ストレスのない仕事をしていきましょう、などと世間では言われていますが、お客様の数、仕事の数だけトラブルが起こり、頭にきたり、悲しくなったりすることも度々です。

やってもやっても終わらない仕事、減らない書類の山に追い詰められたり、お客様の倒産による契約解除で何百万円も売上が減ったりして、こころが休まるときはこの15年間で一度もありません。お客様がいないのもつらいものでしたが、お客様が増えて、仕事が増えるのもまた、悩みとなることがあります。

お客様のため、そして自分自身のために成長し続けよう

それでも、私はこの仕事から離れられないのです。

私の事務所には、顧問先ごとのファイルが並んでいて、それぞれの背表紙には大きく会社名が書いてあります。ファイルが1冊増えるたびに、うれしさと、責任の重さとを感じます。

このお客様は、何万人もの同業者がいる中、「私を選んでくれたんだ」ということが何よりもうれしいのです。何よりも責任を感じるのです。

今の私の姿を、15年前に想像することはできませんでした。当初の私は、雇用保険の取得届（一番簡単な手続き書類）1枚を書くのにマニュアル本を見ながら30分かけてやっても終わらず、社労士事務所の上司もあきれるほど、仕事ができなかったのです。

話もヘタで、お客様の電話ひとつさえ、満足に対応できませんでした。試験に合格したものの、難しい法律はチンプンカンプン……。

そんな私でも、社労士としてひとまず小さな成功をおさめています（まだまだということは自覚していますが……）。その理由は、「**私を選んでくれたお客様を裏切らず、満足させる**

かります。

ような仕事をしたい」という思いが、人より少し強かったからだと、今振り返ってみるとわかります。

私は話すのは苦手ですが、お客様の話を聞くのが大好きで、いつも質問攻めにしてしまいます。そうすると、社長もいろいろな話をたくさんしてくれるのです。

「お客様のことを知りたい」という気持ちがいつも大きくて、必死に「お客様の話す声」、そして何よりも「お客様のこころの声」を聞こうとしてきました。

「**顧客のこころをしっかり理解したい**」という気持ちは、この仕事に就いてからずっと変わることはありません。

お客様を大切に思う気持ちを持ち、1円をいただくありがたさがしっかり理解できていれば……その思いは、「マーケティング能力」とか「営業センス」などよりも、はるかに強くお客様に届くはずです。

「**どこかに私を必要としてくれる人がいるはず**」

そう思い続けて、これまで社労士を続けてきました。

誰にでも必要としてくれるお客様はいるはずです。ただ、そういうお客様に巡り合うためには、自分からお客様に向かって歩いて行かなくてはなりません。お客様から近づいてきてくれることは、ないのです。

自分が輝いていなければ、運命の相手であるお客様はあなたを見つけられません。だから、常に自分を磨き続けてほしいのです。

自分自身と、士業という仕事に誇りと自信を持ち続け、今できるすべての努力をし続けてください。そうすれば、必ず成功への道が開けてくる、と私は断言します。

おわりに

私が『女性社労士　年収2000万円をめざす』（同文舘出版）を出版してから、ちょうど3年半になります。

当時保育園の年長だった息子と、2歳だった双子の娘たちが、小学生4年生と年長になりました。娘たちも私の仕事を理解できる年齢となってきて、夕食後に「また仕事に行っちゃうの?」と言われて心が痛むこともあります。仕事と家庭を両立できているかどうかは今でもわかりませんが、充実した日々を過ごしています。

初著作から3年が経過した今、年収は2000万円を超えたか……というと、実はそうではありません。事務所の職員が数人増えた分、当然、経費もかかります。また、相変わらずいろいろな営業・販促方法にチャレンジしている途中で、当時のほうが経営状況はよかったと言えるかもしれません（でも、先を見据えた投資は無駄ではないと思っています）。

1章でも述べましたが、近年の不景気で顧問先の倒産も立て続けにありました。年間数百万円も売上が落ち込んでしまったほどです。

そんなとき、先輩の士業の方から、「この仕事を長くやっているとわかるけど、よいときと悪いとき、波があるのは仕方のないこと。だから、がんばっているって言い切れるほど努力をしているのなら、あわてることはないんだよ。長沢さんは長期的にものごとを見ることが大事だと、いつも言っているじゃないか」と励まされ、ハッとしました。

小さなことにジタバタしても仕方がありません。悩むヒマがあったら、行動をしろ！　ということなのです。

本書でも書きましたが、私は今どきのマーケティング手法が苦手でした。でも、この3年半の間でそのような考え方も少し変わりました。

「何事もやってみなければ、わからない。可能性があるものは、逃げないでチャレンジしてみよう」と、新人のような気持ちになり、いろいろなことをチャレンジし、たくさんの失敗とほんの少しの成功をもとにがんばっています。

「前に進まなければ、停滞するだけだ」と、私の恩師は常に言っていましたが、今になって、やっとその言葉の意味がきちんと理解できるようになりました。

前進するというのはそんなに難しいことではありません。士業仲間との飲み会に行く、本を読む、支部会に参加する……そんなことでもいいと思います。とにかく、自分の殻に閉じこもり、じっとしていては、何も始まらないのです。

また、勉強することの必要性も、さらに強く感じるようになりました。法改正も頻繁になりましたし、事業主や労働者の考え方やライフスタイルも多様化してきています。この仕事はいろいろな意味で一生勉強をし続けて、そして自分をレベルアップしていかなければ、お客様に選んでもらうことができません。

独立・開業をして17年目に突入しようとしている現在、事務所は安定期に入り始めました。「士業」という仕事がどんなに楽しく、そして難しく、奥が深いものかがやっと理解できてきた今だからこそ、私は新人のとき以上に前に進む努力とチャレンジを続けています。

私の社労士としての第2章は、始まったばかりなのです。

最後に、私の持ち味を理解していただき、私が読者の皆様にお伝えすべきことは何かを親身になって考え、刊行まで一切の妥協を許さずこの本を一緒に作り上げてくださった同文舘出版株式会社ビジネス書編集部の古市達彦様、戸井田歩様には、この場をお借りして心より御礼申し上げます。

平成二二年三月

長沢有紀

※読者の皆様へ　ご購読特典

最後までお読みいただき、ありがとうございました。
ご購読特典として、士業が知っておくべき「成功する社長の思考法」を具体化した2つの特典をご用意しました。
本書とあわせてお読みいただき、ご活用ください。

特典1

今すぐ顧問先に教えてあげたい！

売上アップしたいなら「社員のこころ」をつかみなさい

特別レポート（PDF形式）・全10ページ

特典2

士業だからこそ知っておきたい…

売上アップに直結する「会社のルール」のつくりかた

長沢有紀のメール講座（テキスト形式）・全15回

1　会社のルールの本質から考える売上アップのポイント
2　ズバリ！構築するべき会社のルールとは
3　会社のルール、売上アップに繋がる7つの視点
4　従業員の安心とやる気の関係性
5　社長の理念を会社のルールに落とすには　など全15回

こちらにアクセス

http://www.roumushi.jp/book2010.html

※上記特典は、予告なく変更・削除する場合があります。

筆者への講演依頼、各種ご相談、取材先

長沢社会保険労務士事務所　〒359-0024 埼玉県所沢市下安松50-179
TEL:04-2951-8255　FAX:04-2951-8266
http://www.roumushi.jp
✉ info@roumushi.jp

長沢有紀（ながさわ ゆき）
長沢社会保険労務士事務所代表、社会保険労務士
1969年東京都生まれ。共立女子短期大学家政科卒業後、三井信託銀行(現中央三井信託銀行)に勤務。在職中、社会保険労務士、宅地建物取引主任者の資格を取得する。その後、行政書士試験にも合格。 名門社労士事務所を経て、1994年8月、25歳で長沢社会保険労務士事務所を開設。開業当時、最年少開業社労士として注目を集めた。1994年から4年間、大手専門学校にて非常勤講師として多くの合格者を輩出するなど、順調に業績を伸ばす。現在、セミナー・講演でも活躍中。取材、ＴＶ出演等多数。初著作『女性社労士 年収2000万円をめざす』（同文舘出版）は、このジャンルでは異例のベストセラーとなった。他に『ハーベスト時間術』（総合法令出版）がある。プライベートでは1男2女（双子）の母でもある。

■ブログ：長沢有紀の「戦い続ける女性社労士」
http://roumushi.livedoor.biz/
■メルマガ：戦う女性社労士の「愛と情熱の人事コンサルティング」（無料）
http://www.mag2.com/m/0000175415.html
■ツイッター
http://twitter.com/nagasawayuki/

【お問い合わせ】
長沢社会保険労務士事務所
〒359-0024 埼玉県所沢市下安松50-179
電話：04-2951-8255 FAX：04-2951-8266
URL：http://www.roumushi.jp/
mail：info@roumushi.jp

社労士で稼ぎたいなら
「顧客のこころ」をつかみなさい

平成22年4月16日 初版発行

著 者 長沢有紀

発行者 中島治久

発行所 同文舘出版株式会社
東京都千代田区神田神保町1-41 〒101-0051
営業 (03)3294-1801 編集 (03)3294-1802
振替 00100-8-42935 http://www.dobunkan.co.jp

 ISBN978-4-495-58841-0
印刷／製本：萩原印刷 Printed in Japan 2010